Ulrich Parzany

Wozu Gott?

W0011543

Ulrich Parzany

Wozu Gott?

Brendow
Buch · Kunst · Verlag

Die Deutsche Bibliothek – CIP-Einheitsaufnahme

Parzany, Ulrich:
Wozu Gott? / Ulrich Parzany. – 9. Aufl. – Moers:
Brendow, 1997
(Edition C : M ; 157)
ISBN 3-87067-141-6

9. Auflage 1997
ISBN 3-87067-141-6
Edition C, M 157
© Copyright 1981 by Brendow Verlag, D-47443 Moers
Einbandgestaltung: Kortüm + Georg, Agentur für Kommunikation,
Münster (Westf.)
Comics: Heinz Giebeler
Zeichnungen Seite 25, 26: Hermann Künert
Printed in Germany

Inhaltsverzeichnis

Kein Bedarf, Gott zu erfinden

»Gibt es einen Gott? Ich für meine Person wäre sehr glücklich, wenn ich diese Frage nachdrücklich verneinen könnte. Meiner Natur nach würde ich mich gern mit dem abfinden, was diese Welt uns anzubieten hat, und jeden Gedanken an einen göttlichen Plan oder Ratschluß sowie an eine Gottheit, die ihn ausführt, als Wunschdenken oder Wichtigtuerei der Spezies Mensch abtun. Süß sind die Düfte, Klänge und Farben der Erde; golden sind die Stunden, die menschliche Liebe uns schenkt; die Ernte des rastlosen Menschengeistes entzückt uns. Mich hat nie nach einem Gott verlangt; ich habe von mir aus niemals einen Gott gefürchtet oder mich vor die Notwendigkeit gestellt gesehen, einen Gott zu erfinden. Dennoch sehe ich mich leider zu dem Schluß veranlaßt, daß Gott von sich aus nach mir verlangt. Gott ist mir auf den Fersen wie ein himmlischer Jagdhund.«

So beginnt der englische Fernsehjournalist und Satiriker Malcolm Muggeridge einen Zeitungsartikel zum Thema »Gibt es Gott?«. Fast 60 Jahre seines Lebens hat er für Gott und für Christentum nur bissigen Spott übriggehabt. Dann drehte er für die BBC in Israel einen dreiteiligen Film und las das Neue Testament. Die Geschichte packte ihn. Sein Leben nahm eine neue Richtung.

Was er nun über den Glauben an Gott zu sagen und zu schreiben hat, ist nicht weniger bissig als seine früheren Äußerungen. Religiöses Gewohnheitsdenken läßt er mit Hilfe scharfer Gedanken und Worte platzen wie Luftballons, in die man eine spitze Nadel steckt.

Ist das bösartig? Ist das unmenschlich und schadenfroh? Laßt den Menschen doch ihre bunten Luftballons! Aber die Duldung frommer Lügen ist keine Menschenfreundlichkeit. Das ist Menschenverachtung. Wir können uns doch nicht gegenseitig sehenden Auges an unseren Illusionen kaputtgehen lassen!

Ich möchte mein Leben nicht an eine Lüge hängen. Ich

möchte leben. Und ich bin überzeugt: Nur wenn wir die Wirklichkeit ernst nehmen und uns ganz auf sie einstellen, wird das Leben richtig gelebt. Dabei kommt es nicht darauf an, ob die Wirklichkeit uns schmeckt oder nicht.

Muggeridge empfand es als einen angenehmen Gedanken, daß es keinen Gott gibt, der ihn irgendwie zur Verantwortung ziehen oder sonstwie stören könnte. Mein Leben ist ganz anders gelaufen. Meine Eltern waren Christen. Und zum Glück solche, die mir den christlichen Glauben nicht vergällt haben. Sie nahmen das Evangelium ernst. Daraus folgte eine herrliche Lebensfreude und eine tüchtige Vitalität.

So fand ich den Glauben an Gott eigentlich immer schon sympathisch. Ich kann mich nicht erinnern, daß ich je eine Zeit in meinem Leben gehabt hätte, in der ich bewußt atheistisch dachte.

Natürlich, zwischen dem, was man im Kopf an Gedanken mitschleppt, und der Art und Weise, wie man praktisch lebt, können tiefe und breite Abgründe liegen. Bei mir lagen sie dazwischen.

Selbst stark genug

Ich war weder kaputt noch verzweifelt, ich fürchtete mich nicht, ich war nicht unzufrieden, auch nicht erfolglos. Ich hatte Freunde und keine menschlichen Kontaktschwierigkeiten. Kurz: Ich hatte keine Lücke, die Gott hätte ausfüllen müssen. Jedenfalls empfand ich das so.

Junge Christen verwickelten mich ins Gespräch über Gott. Sie luden mich ein, mit ihnen zu leben, mit ihnen meine Freizeit zu gestalten. Ich lernte sie kennen. Ihnen war Jesus sehr wichtig. Manche von ihnen kamen – im Gegensatz zu mir – aus Familien, in denen man vom Christentum überhaupt nichts hielt. Um so mehr staunte ich, was die dauernd mit Gott und Jesus hatten.

Was sie taten und sagten, forderte mich heraus. Alle meine religiösen Gewohnheiten und Oberflächlichkeiten wurden in Frage gestellt. Nein, ich brauchte Gott im Grunde nicht. Ich hatte auch nichts gegen ihn. Das Leben lief in seinen wesentlichen Angelegenheiten ohne ihn.

Aber lebt Gott nur, wenn wir ihn brauchen? Oder brauchen wir ihn, weil er lebt?

Mir ging es genau wie Malcolm Muggeridge. Keinen Bedarf, Gott zu erfinden, um irgendein Bedürfnis damit zu befriedigen. Aber wenn Gott trotzdem ist? Dann wird er zum großen Fragezeichen für unser Denken und Leben.

Originalton Muggeridge: »Sein Schatten fällt auf alle meine kleinen Picknicks, die ich im Sonnenschein veranstalte, so daß es kühl wird. Er beraubt meine Speisen ihres Aromas, meine Gespräche ihres Glanzes, meine Vergnügungen der Lust.« Und deshalb haben wir von Natur aus eben keine Lust, uns mit Gott zu beschäftigen. Er stört unsere Träume. Er mischt sich unbequem in unsere Lebensweise ein. Er macht uns verantwortlich, wo wir uns scheinheilig entschuldigen. Er reißt uns die religiöse Maske vom Gesicht. Er stellt uns Fragen, wo wir nach bequemen Antworten suchen.

Und während ich diese Zeilen schreibe, ist mir bewußt, daß diese Frage in den Augen vieler Zeitgenossen völlig überflüssig ist. »Wozu Gott?« Diese Frage erledigt sich durch Liegenlassen. Meinen wir.

Wir haben andere Sorgen. Mit den Kindern. Im Beruf. Auch mit dem Geld. Vor allem mit der Gesundheit. Das alles liegt nahe.

Gott aber liegt unendlich fern. Obwohl ich staune, daß in Pausengesprächen und bei gesellschaftlichen Anlässen immer wieder mal das religiöse Thema dran ist. Oft geht es um die Kirche – Grund genug zum Schimpfen. Gott kommt meist besser weg als seine Leute auf der Erde. Vielleicht weil er weit weg ist?

Ich möchte den Leser, der sucht, zweifelt, fragt, abholen und mitnehmen. Ich wünsche ihm, daß er in diesem Büchlein Fragen beantwortet findet. Ich wünsche ihm, daß er Hilfe erhält, sein Leben ganz praktisch auf die Wirklichkeit Gottes einzustellen.

Wenn Gott Wirklichkeit ist und nicht nur das Ausschwitzen religiöser Gehirne, dann geht das jeden an. Auch den, der bisher noch nicht nach ihm fragt. Dann ist es ganz egal, ob wir uns bisher für Gott interessierten oder nicht. Dann hängt jedes Leben von Gott ab.

Ich gebe die Hoffnung nicht auf, daß auch Menschen, die ohne ihn völlig zufrieden sind, anfangen, die Frage nach Gott zu stellen. Es kann nicht klug sein, die Augen vor der Wirklichkeit zu verschließen, »weil nicht sein kann, was nicht sein darf«.

Also: Herzliche Einladung, ein paar Fragen und Antworten gemeinsam zu durchdenken.

1.
»Ein höheres Wesen muß es doch geben!«

Kennen Sie die Satire von Heinrich Böll »Doktor Murkes gesammeltes Schweigen«? Dr. Murke ist Rundfunkredakteur in der Abteilung Kulturwort. Er erhält vom Intendanten der Rundfunkanstalt eines Tages einen furchtbaren Auftrag. Der bedeutende Herr Bur-Malottke, Cheflektor des größten Verlages, Autor vieler Bücher und Mitglied der Redaktionen dreier Zeitschriften und zweier Zeitungen, will zwei Vorträge, die schon auf Band gesprochen sind, ändern.

Heinrich Böll: »Bur-Malottke, der in der religiösen Begeisterung des Jahres 1945 konvertiert hatte, hatte plötzlich ›über Nacht‹, so sagte er, ›religiöse Bedenken bekommen‹, hatte sich ›plötzlich angeklagt gefühlt, an der religiösen Überlagerung des Rundfunks mitschuldig zu sein‹, und war zu dem Entschluß gekommen, Gott, den er in seinen beiden halbstündigen Vorträgen über das Wesen der Kunst oft zitiert hatte, zu streichen und durch eine Formulierung zu ersetzen, die mehr der Mentalität entsprach, zu der er sich vor 1945 bekannt hatte; Bur-Malottke hat dem Intendanten vorgeschlagen, das Wort Gott durch die Formulierung ›jenes höhere Wesen, das wir verehren‹ zu ersetzen, hatte sich aber geweigert, die Vorträge neu zu sprechen, sondern darum gebeten, Gott aus den Vorträgen herauszuschneiden und ›jenes höhere Wesen, das wir verehren‹, hineinzukleben.«

Die Folgen sind zwerchfellerschütternd komisch-entsetzlich. Wer diese Satire gelesen hat, kann den Ausdruck »höheres Wesen« kaum noch ernsthaft gebrauchen. Aber nicht nur weil viele diese Böll-Satire nicht kennen, ist der Ausdruck immer noch gebräuchlich. Er hält sich, weil er ganz praktisch ist.

Viele Menschen finden, daß es einfach zu dumm und zu platt

sei, nur ans Geld zu glauben, nur Essen, Trinken und Arbeiten als Wirklichkeit anzusehen. Nun, irgend etwas Höheres muß es doch geben. Irgendein höheres Wesen. Mit diesem feinfühlig-vorsichtigen religiösen Ausdruck hat man zweierlei im Blick:

Erstens: Wir sind keine plumpen, primitiven Materialisten, obwohl vordergründig unser Alltagsleben diesen Eindruck nahelegen könnte. Nein, wir sind offen für die Möglichkeit eines höheren Wesens.

Zweitens: Was ist nun das höhere Wesen? Die Wahl des Ausdruckes ist schon Programm. Nichts Genaues, nichts Näheres ist bekannt.

Schon der Gebrauch der Vokabel Gott legt zu sehr fest. Es klingt schon fast wie ein Bekenntnis. Gerade das aber soll vermieden werden.

Das höhere Wesen schwebt hoch über aller Wirklichkeit, die uns betrifft. Es hat sozusagen mit nichts etwas zu tun. Man weiß nichts Genaues über das höhere Wesen. Das hat den großen Vorteil: Man muß keine Einflußnahme fürchten. Veränderungen fallen nicht an. Wir können weiterleben, wie wir wollen. Und das ist schließlich entscheidend.

Es gibt erhabene und traurige Zeiten im Leben. Da ist man dankbar, wenn man sich auf etwas Höheres besinnen kann. Aber in der Regel des alltäglichen Lebens behindert so etwas mehr als daß es hilft.

Einkaufswagen im Supermarkt

Gerade weil viele den Vorwurf des blanken Materialismus als unangenehm anklagend empfinden, beteuern sie oft, daß sie doch auch an Gott glauben. Nicht so, daß man gleich jeden Sonntag in die Kirche rennt. Auch nicht so, daß man den Glauben gleich öffentlich zur Schau stellt.
Aber wie denn?
Bei dem Wort Gott kommen mir immer wieder die Ein-

12

kaufswagen aus den Supermärkten ins Gedächtnis. Die sehen alle gleich aus. Man nimmt sich einen und schiebt ihn an den Regalen vorbei, lädt ein, was man braucht und was einem schmeckt, und kommt schließlich bei der Kasse an. Dort trifft der Käufer die anderen Kunden, die das gleiche getan haben. Die Einkaufswagen sehen alle gleich aus, aber der Inhalt ist unterschiedlich. Jeder hat in den Wagen gelegt, was er haben wollte.

Das Wort Gott wird von vielen verschiedenen Menschen gebraucht. Das klingt immer gleich. Es ist wie mit den Einkaufswagen. Während wir das Wort Gott gebrauchen, füllen wir es mit ganz verschiedenen Inhalten. Jeder packt hinein, was ihm paßt, was ihm schmeckt, was er braucht.

Ich bin auch schon mal mit einem Einkaufswagen durch einen Supermarkt gefahren, habe etliche Sachen gesucht und nicht gefunden. Mit leerem Wagen bin ich dann an der Kasse vorbeigegangen.

Auch so etwas gibt es: Gott als Leerformel. Ohne Inhalt. Kein Bedarf.

Wir sollten das im Kopf behalten. Es hat keinen Sinn, sich mit dem allgemeinen Gebrauch des Wortes Gott zu begnügen. Hinter dem gleichen Wort können gegensätzliche Inhalte stecken. Das Wort selbst schafft keine Klarheit.

Schwindeletikett

Ja, das Wort Gott kann sogar mißbraucht werden. Wie ein Schwindeletikett wird es auf Inhalte geklebt, die wertlos oder sogar gefährlich sind.

Die Bibel unterscheidet deshalb zwischen Gott und den Götzen. Götzen sind Gegenstände, Gedanken, Kräfte, Mächte, Menschen, Institutionen, die sich anmaßen, Gott zu sein, oder denen das Gottsein zugeschrieben wird.

Menschen werden vergottet: Nebukadnezar, die Pharaonen, Cäsar, Augustus, der japanische Tenno, Hitler, Stalin, Mao, Superstars des Sports und Show-Geschäfts. Nationen,

Parteien werden vergottet. Auf den Altären des Gottes Nation wurden und werden Tausende von Menschen geopfert.

Geld und Besitz sind heute weltweit nicht nur zum Gebrauch da, sie sichern Ansehen und damit das Gefühl des Menschen: Haste was, dann biste was!

Autos und elektronische Geräte sind sogenannte Statussymbole. Für diese Gottheiten werden unglaublich große und schwere Opfer gebracht. 14 000 Verkehrstote pro Jahr allein auf den Straßen der Bundesrepublik Deutschland! Tausende von Kindern darunter. Die Menschenopfer des Molochkultes im Altertum nehmen sich dagegen zahm und harmlos aus.

Götzen machen unser Leben kaputt. Nicht nur Enttäuschung, sondern Zerstörung ist die Folge, wenn Gott als Schwindeletikett benutzt wird.

Kopfnicker-Gott

Gottesvorstellungen sind verschieden. Manche mögen es sehr kompliziert und gedanklich hochtrabend. Andere begnügen sich mit schlichten Bildchen. Aber eins müssen unsere Götter alle tun: Sie müssen mit dem Kopf nicken können. Sie sollen unser Denken und Leben bestätigen. Sie dürfen unserem Umgang mit Geld, Macht, Sexualität, Wahrheit nicht in die Quere kommen.

Deshalb ist ja das »höhere Wesen« so praktisch. Je weiter es von den Lebensweisen unseres Alltags entfernt ist, desto tiefer machen wir uns Gedanken darüber. Mit unserer Ehe, vielleicht der zerbrechenden Ehe, mit unserem Geld hat das nichts zu tun.

Der Kopfnicker-Gott findet richtig, was wir so denken und tun. Zugegeben: Fehler haben wir alle. Aber das weiß der Kopfnicker-Gott auch. Er nimmt's nicht zu tragisch.

Lückenbüßer-Gott

Jetzt kommen wir zum schwierigsten und wundesten Punkt in der Gottesfrage. Wir stellen heute häufig gar nicht die Frage: Ist Gott? sondern sofort: Wozu brauchen wir Gott? Wenn wir ihn nicht zu brauchen meinen, dann ist er auch nicht. Diese Schlußfolgerung ist zwar nicht unbedingt richtig, aber wir ziehen sie eben doch.

Früher war offenbar der Bedarf für Gott größer. Die weißen Flecken auf der Landkarte des Wissens waren groß. Wie entstehen Blitz und Donner? Woher und wohin kommen und gehen die Winde? Was man nicht erklären konnte, dafür war Gott zuständig.

Keine Frage, wir wissen heute viel. Die Naturwissenschaft hat vieles in der Welt erklärt und beschrieben, ohne daß sie dabei von Gott redet. Er mußte den Rückzug aus dem Bereich der Naturkunde antreten.

In den letzten hundert Jahren sind im Bereich der Medizin ungeheure Fortschritte gemacht worden. Ein vereiterter Blinddarm führt heute selten zum Tod. Gott hat dabei nichts zu tun. Die »Halbgötter in Weiß« haben seinen Platz eingenommen. Nicht Weihrauch und Myrrhe, sondern Aspirin und Valium heißen die gottesdienstlichen Beigaben.

Der Verdacht ist entstanden, daß der Mensch aus Angst und Hilflosigkeit Gott erfunden hat. Die Fragen nach Tod, Leid, Gerechtigkeit und dem Sinn des Lebens bewegen die Menschen, solange es Menschen gibt. Haben sie Antworten gefunden? Sehr verschiedene. Jeder ist von seinem eigenen Standort ausgegangen.

Sigmund Freud, der Begründer der Psychoanalyse, hat behauptet, daß die Menschen in ihrer Hilflosigkeit gegenüber Natur und Schicksal auf eine frühkindliche Erfahrung zurückgegriffen haben. Damals, als Kleinkinder, haben sie ihren Vater als eine übermächtige, furchterregende und zugleich starke, beschützende, fast allmächtige Figur erlebt. Der Mensch – so Freud – verwandele in seinen Gedanken

15

die Natur und das Schicksal in eine übergroße Vaterfigur, die auf ihn den doppelten Eindruck macht: furchterregend und fürsorglich. Wenn der Mensch sich das Schicksal als Vatergott vorstellen kann, dann hat er die Möglichkeit, dieses personifizierte Schicksal zu beeinflussen durch Gebet, Beschwörung, Opfer.

Natürlich hält Freud das alles für eine bloße Einbildung. Gott ist keine Wirklichkeit. Freud hat Verständnis für die Entstehung solcher Illusionen. Er ist schließlich Arzt und hat Verständnis für die Krankheiten seiner Patienten.

Aber er fordert trotzdem, daß die Menschen erwachsen werden und auf die kindlichen Illusionen verzichten: »Der Mensch kann nicht ewig Kind bleiben, er muß endlich ins ›feindliche Leben‹ hinaus.« (Sigmund Freud, Die Zukunft einer Illusion, Fischer-Taschenbuch Nr. 851, Seite 128.) Freud nennt das »Erziehung zur Realität«.

Ob der Mensch die Entwicklung schafft? Da sieht Freud die Schwierigkeiten wohl. Aber er ist optimistisch:

»Sie fürchten wahrscheinlich immer, er wird die schwere Probe nicht bestehen? Nun, lassen Sie uns immerhin hoffen. Es macht schon etwas aus, wenn man weiß, daß man auf seine eigene Kraft angewiesen ist. Man lernt dann, sie richtig zu gebrauchen. Ganz ohne Hilfsmittel ist der Mensch nicht, seine Wissenschaft hat ihn seit den Zeiten des Diluviums viel gelehrt und wird seine Macht noch weiter vergrößern. Und was die großen Schicksalsnotwendigkeiten betrifft, gegen die es eine Abhilfe nicht gibt, die wird er eben mit Ergebung tragen lernen. Was soll ihm die Vorspiegelung eines Großgrundbesitzes auf dem Mond, von dessen Ertrag noch nie jemand etwas gesehen hat? Als ehrlicher Kleinbauer auf dieser Erde wird er seine Scholle zu bearbeiten wissen, so daß sie ihn nährt. Dadurch, daß er seine Erwartungen vom Jenseits abzieht und alle freigewordenen Kräfte auf das Irdische Leben konzentriert, wird er wahrscheinlich erreichen können, daß das Leben für alle erträglich wird und die Kultur keinen mehr erdrückt.

Dann wird er ohne Bedauern mit einem unserer Unglaubensgenossen sagen dürfen: ›Den Himmel überlassen wir den Engeln und den Spatzen.‹« (S. 129)

Es wäre natürlich ein leichtes Spiel, die Hilflosigkeit des modernen Menschen und den Zusammenbruch seiner Fortschrittsillusion zu schildern. Den Fortschrittsoptimismus, den Sigmund Freud und seine Zeitgenossen zu Beginn unseres Jahrhunderts im Blick auf die menschlichen Möglichkeiten hatten, teilen heute nur noch wenige.

Was uns wie Fortschritt vorkam, hat in schier aussichtslose Notsituationen geführt. Die Welt ist durch Massenvernichtungswaffen in ihrem Bestand bedroht. Hungerkatastrophen nehmen nie gekannte Ausmaße an. Körperlich-seelische Krankheiten verbreiten sich, und wir stehen ratlos davor. Die ausweglose Ratlosigkeit des Menschen ist größer als je zuvor. Aber ich halte es für ein unbrauchbares und unangemessenes Verfahren, die Lücken des menschlichen Wissens und Könnens aufzuspüren, um Gott als Lückenbüßer anzupreisen. Die naive Freude mancher frommer Zeitgenossen darüber, daß sie noch einen winzigen Raum der Unklarheit über die Weltentstehung sehen, in den sie dann Gott einsetzen, halte ich für Schwachsinn.

Wenn Gott Lückenbüßer ist, dann ist er überhaupt nicht. Wenn er nicht Wirklichkeit ist, dann brauchen wir ihn tatsächlich nicht. Dann ist es klüger und menschlicher, dem Vorschlag Freuds zu folgen. Irgendwie müssen wir uns dann ohne jede Gottesillusion einrichten und durchschlagen. Es wird schon gehen.

Gott ist jedenfalls kein Gebrauchsgegenstand, auch kein psychologischer Trick, dessen Nützlichkeit zur Diskussion steht.

Religionskritik in der Bibel

In der Bibel finden wir von Anfang an eine heftige Kritik an der selbstgemachten Religion des Menschen. Die Bibel ist nicht Parteigänger aller Religiösen und Gegner der Atheisten. Die schärfste Kritik in der Bibel richtet sich gegen die vom Menschen selbstgemachten Gottesbilder.

Das Volk Israel ließ sich immer wieder durch seine Umwelt verführen, Gott als Fruchtbarkeits-Gott zu verehren. Das Stierbild ist dessen Symbol. Die Anbetung der Triebe ermöglichte eine Form des Gottesdienstes, bei dem die menschlichen Sinne und Begierden voll auf ihre Kosten kamen. Das fanden die Israeliten interessanter als die Nachfolge Jahwes, der sich in seinem Wort durch die Propheten offenbarte. Der Mensch braucht eben etwas für den Körperteil unterhalb der Gürtellinie, sonst macht ihm die Religion keinen Spaß.

Leidenschaftlich wenden sich die Propheten im Namen des geoffenbarten Gottes gegen diese selbstgemachte Religion. Die Botschaft der Bibel ist zutiefst religionskritisch.

»Du sollst dir kein Bildnis machen«, lautet das zweite der Zehn Gebote.

Gut sein auch ohne Gott?

Zuerst ist Gott aus dem Naturbereich verdrängt worden. Dann spielte er im Bereich der Geschichte der Menschen keine Rolle. Politik findet ohne ihn statt. Bleiben noch zwei Bereiche, in denen er eine gewisse Rolle spielen durfte: in den Gefühlen und in der Moral.

Weil wir gerade in einer Zeit leben, die die Gefühle neu entdeckt, wird Religion auch ganz stark als Gefühlssache angepriesen. Vielen ist aufgegangen, daß der Mensch nicht nur aus Verstand besteht.

Ob allerdings die Religionen den Menschen für ihr unterentwickeltes Gefühlsleben Hilfen geben, das liegt dann vor allem an den betreffenden Menschen. Wer auf der religiösen Wellenlänge empfängt, für den ist es gut. Andere können damit nichts anfangen. Deren Gefühle werden dann auf andere Art und Weise angeregt. Gruppendynamische Kurse aller Art erfreuen sich lebhaften Zuspruchs.

Aber nun kommt das Erstaunlichste.

Wenn es um Gut und Böse geht – also um Moral –, dann sollte Gott doch eine feste Rolle spielen. Die heftigste Kritik am Gottesglauben geschieht aber seit rund 140 Jahren aus moralischen Gründen.

Ludwig Feuerbach hat das sinngemäß so ausgedrückt: Es ist doch schlecht, wenn der Mensch das Gute nur tut, weil Gott es ihm befiehlt. Der gute Mensch sollte das Gute tun, weil es gut ist. Er sollte menschlich handeln um des Menschen willen. Wenn er zum Gutestun immer den himmlischen Polizisten und Aufpasser braucht, dann ist doch was faul mit dem Menschen.

Die Menschenwürde und die moralische Verantwortung des Menschen muß weiterentwickelt werden. Das geschieht vor allem dadurch, daß er endlich aufhört, seine Gedanken und Kräfte an einen eingebildeten Gott zu verschwenden. Statt dessen soll er für den Menschen und die Welt arbeiten. Er wird so aus einem Kandidaten des Jenseits zu einem Studenten des Diesseits. So argumentiert Feuerbach.

Gott ist also auch als moralischer Lückenbüßer überflüssig. Der Mensch muß und kann das Gute aus eigenem Antrieb und aus eigener Kraft tun. Gott ist dabei keine Hilfe, eher ein Hindernis. Wer meint, er könnte das Gute tun, der soll es tun. Ich werde ihm Gott nicht als Hilfsmotor aufschwatzen. Gott ist nicht Lückenbüßer, auch kein moralischer.

Wir werden erleben, daß der Mensch, der sich selber zur letzten Instanz macht, dann zum Raubtier für den Mitmenschen wird. Ich frage mich, wie eigentlich in einer Zeit des Massenmordes der Idealismus mit seinem naiven Glauben an die guten Fähigkeiten des Menschen immer wieder aufblühen kann.

Gott = vergrößerter und verbesserter Mensch?

Ein höheres Wesen muß es doch geben? Ich hoffe, daß eine Reihe fadenscheiniger Gründe für das höhere Wesen in den

19

bisherigen Ausführungen geplatzt ist. Die entscheidende Frage allerdings bleibt: Können wir Menschen Gott erkennen? Können wir wissen, ob und wer er ist? Oder ist alles nur Wunschdenken?

Der Amerikaner Dr. Francis Steele, Professor für Archäologie, erzählte folgendes Beispiel:

Stellen wir uns drei Indianer vor, die vor etwa 500 Jahren an der Küste des Pazifischen Ozeans stehen. Sie schauen über das weite Meer. Da fragt der erste: »Ich möchte wissen, ob es jenseits des großen Wassers noch etwas gibt – etwa Menschen.« Der zweite Indianer ist eine gründlichere Natur und meint: »Mir ist es nicht genug zu wissen, ob jenseits des Wassers Menschen sind. Ich möchte wissen, wie sie aussehen: ihr Gesicht, ihre Haut, ihr Körper.« Der dritte Indianer hat Neigungen zur Philosophie. Seine Frage: »Mir ist es nicht genug zu wissen, ob jenseits des Wassers Menschen sind und wie sie aussehen. Ich möchte wissen, was sie denken und wollen. Was bestimmt ihre Lebensweise?«

Frage: Können diese drei Indianer von sich aus darauf kommen, daß es Chinesen gibt, wie sie aussehen, was Chinesen denken und wie sie leben?

Wie sollen sie, wenn sie keine Informationen von der anderen Seite des Ozeans bekommen? Ohne solche Informationen können sie immer nur mehr und veränderte Indianer denken.

Das ist unsere Situation im Blick auf die Frage nach Gott.

Manchmal haben wir zu leichtgläubig gemeint, wir könnten von uns aus zutreffende Aussagen über Gott machen. Auch kluge Leute haben das gedacht und geradezu eine Methode entwickelt, wie wir ihn und seine Eigenschaften erkennen können.

Sie sagten: Gott ist das Größte. Wir können nichts Größeres als Gott denken. Das höchste Denkbare ist also das höchste Sein.

Aber da ist ja ein Denkfehler drin, auf den der Philosoph Immanuel Kant hingewiesen hat. Hundert denkbare DM sind nicht unbedingt hundert wirkliche DM.

Auf dieser falschen oder zumindest unsicheren Voraussetzung wurden dann weitere Denkspekulationen über Gott angestellt:

Wenn Gott Gott ist, kann er natürlich die schlechten Eigenschaften des Menschen nicht haben. Die streichen wir also.

Die guten Eigenschaften des Menschen werden nun ins Unendliche vergrößert – dann haben wir Gottes Eigenschaften.

Also: Der Mensch weiß etwas – Gott ist allwissend. Der Mensch ist hier oder dort gegenwärtig – Gott ist allgegenwärtig. Der Mensch ist manchmal lieb – Gott ist die Liebe. Und so weiter.

Was ist das Ergebnis? Ein Supermensch mit lauter Eigenschaften, die so allgemein sind, daß sie mit der Wirklichkeit unserer Welt nicht mehr in Einklang zu bringen sind.

Die alte Frage gehört hierher: Kann Gott einen Stein schaffen, der so schwer ist, daß er ihn selber nicht mehr aufheben kann? Wenn er den Stein nicht erschaffen kann, ist er nicht allmächtig. Wenn er ihn nicht aufheben kann, ist er auch nicht allmächtig. Also ist der Begriff der Allmacht Gottes widerlegt.

Ernsthafter ist die Frage: Wie kann Gott, der die Liebe ist, das Leid in der Welt zulassen? Entsprechend hat man in den letzten Jahren immer wieder kritische Abrechnung mit dem »lieben Gott« gehört und gelesen. Da hieß es, daß der liebe Gott im Ersten Weltkrieg und dann wieder bei Stalingrad im Zweiten Weltkrieg gestorben sei. Schließlich war er in Biafra und in Vietnam gestorben. Der allgemeine Begriff der Liebe Gottes läßt sich nicht mit der Wirklichkeit der Welt zur Deckung bringen.

Sackgasse?

Geben wir uns Rechenschaft über das, was wir bisher getan haben. Eigentlich etwas Verrücktes. Mancher Zeitgenosse glaubt vielleicht aus diesem oder jenem guten oder schlechten Grund an Gott. Diese eher schlechten als guten Gründe haben wir auseinandergenommen. Sie tragen nicht.

Es ist überhaupt nicht selbstverständlich, daß es ein höheres Wesen gibt. Die Behauptung eines höheren Wesens kann eine Zwecklüge zum Schutz unserer bisherigen Lebensweise sein.

So selbstverständlich, wie manche das hinstellen, ist es nicht, die Wirklichkeit Gottes anzunehmen und mit ihr zu rechnen. Wir malen uns fromme Bilder an die Wände und Decke unseres Lebensraumes. Das ist keine Lösung. Das ist Selbstbetrug. Das verhindert gründliches Fragen und richtige Erkenntnisse.

Die Abbrucharbeiten des ersten Kapitels gleichen dem Schuttwegräumen. Ich erinnere mich, wie nach dem Ende des Zweiten Weltkrieges in unseren Großstädten die Häuser langsam wieder aufgebaut wurden. Zuerst mußte eine große Menge Schutt weggeräumt, Ruinen mußten völlig abgebrochen werden. Man konnte nicht auf zerstörten Grundmauern wieder aufbauen. Nach dem Abbruch wurde von Grund auf neu gebaut.

Darum geht es mir. Die brüchigen Mauern unserer selbstgemachten Religion taugen nicht. Darauf können wir nichts Haltbares bauen. Wer es doch versucht, wird erleben müssen, wie später alles zusammenbricht.

Die Gottesfrage ist die Grundfrage unseres Lebens. Sie muß gründlich gestellt werden. Es sei noch einmal gesagt: Gott ist kein religiöser Gebrauchsgegenstand, dessen Nützlichkeit hier zur Debatte stünde.

2.

»Wer mich sieht, der sieht den Vater«

Das Unmögliche ist geschehen

Sollen wir jetzt ein stillschweigendes Abkommen schließen? Wir haben uns klargemacht, daß wir nichts Genaues über Gott erkennen können. Wir durchschauen die selbstbetrügerischen Illusionen. Sollen wir jetzt einfach weiter über Gott reden, als gäbe es ihn, obwohl wir genau wissen, daß das mehr als zweifelhaft ist?

Manche empfinden das gerade als das Typische an der Religion: Nichts Genaues weiß man nicht. Trotzdem tut man so, als ob. Schließlich ist die Meinung weit verbreitet: Der Glaube fängt da an, wo das Wissen aufhört. Also erwarten wir in Glaubensdingen sowieso keine präzisen Erkenntnisse, die man nachprüfen könnte.

Ich muß hier mit aller Entschiedenheit erklären, daß ich an einer solchen Art Christentum nicht interessiert bin. Dafür ist mir mein Leben zu lieb und zu schade. Ich muß und möchte nach der Wirklichkeit Gottes fragen. Und ich möchte andere Menschen anstiften, sich nicht mit der religiösen Unklarheit zufrieden zu geben.

Es hat keinen Sinn, aus der Not des Nichtwissens eine Tugend zu machen. Manche entwickeln einen spielerischen Spaß an der Nebelstocherei. Unter der Vorgabe, daß doch alles letzten Endes nicht stimmt, kann man sich natürlich eine Menge unsinniger Formulierungen leisten. Aber geht es denn hier um religiösen Gaumenkitzel?

Hat es Sinn, die Frage nach der Wirklichkeit Gottes überhaupt noch zu stellen? Müssen wir uns nicht mit der bitteren Erkenntnis zufriedengeben, daß es keine Klarheit geben kann, weil unser Erkenntnisvermögen allzusehr beschränkt ist? Verzicht auf weitere Fragen kann ja auch eine sinnvolle Entscheidung sein.

Aber die Frage nach der Wirklichkeit Gottes ist sinnvoll. Das Unmögliche ist geschehen. Gott ist von sich aus in unsere Welt hineingekommen. Was wir nicht planen und nicht erzwingen konnten, das tat Gott von sich aus in einem freien Entschluß. Er begegnet uns auf unserer Ebene. Wir können seine Wirklichkeit nicht begreifen, es sei denn, er kommt zu uns unter Bedingungen, die ihn für uns erkennbar werden lassen.

Die meisten wichtigen Erkenntnisse ergeben sich aus Antworten auf scheinbar dumme Fragen. Kurz vor seinem Tod hat Jesus seinen Jüngern gesagt: »Wo ich hingehe, den Weg wißt ihr.« Das klang so selbstverständlich. Da scheute man sich, überhaupt noch eine Frage zu stellen. Jesus tat so, als sei alles klar. Einer rafft sich auf und offenbart seine Unkenntnis. Thomas: »Herr, wir wissen nicht, wo du hingehst; und wie können wir den Weg wissen?«

Auf diese Frage des Thomas, zu der er sich sicherlich gehörigen Mut genommen hat, antwortet Jesus: »Ich bin der Weg und die Wahrheit und das Leben; niemand kommt zum Vater denn durch mich.« Dieses gewaltige Wort hätten wir nicht, wenn nicht ein zweifelnder Mensch sich den Mut genommen hätte, eine scheinbar dumme Frage zu stellen.

Aber die Szene geht noch weiter. Jesus fährt fort: »Wenn ihr mich kenntet, so kenntet ihr auch meinen Vater. Von nun an kennt ihr ihn und habt ihn gesehen.« – Wieder so eine Feststellung. Wieder scheint Jesus davon auszugehen, daß für die Jünger alles klar ist. Und wieder gibt sich einer nicht zufrieden, sondern redet dagegen. Philippus bittet: »Herr, zeige uns den Vater, so ist uns genug.« Jesus spricht zu ihm: »So lange bin ich bei euch, und du kennst mich nicht, Philippus? Wer mich sieht, der sieht den Vater!« (Johannes 14, 4–9)

Wir können von uns aus keine klaren Erkenntnisse über Gott gewinnen. Alles bleibt in einem großen Fragezeichen hängen.

Gott aber hat von seiner Seite her die Initiative ergriffen und ist auf unsere Ebene herabgekommen. Wenn ich jetzt hier davon spreche, daß er herabgekommen ist, dann meine ich das nicht im strengen Sinne räumlich. Gott ist nicht sozusagen im ersten Stock der Welt, während wir im Parterre wohnen. Gott ist aus seiner Wirklichkeit, die unsere Wirklichkeit durchdringt und doch endlos übersteigt, hereingekommen in die Sichtbarkeit unserer beschränkten Wirklichkeit.

Während wir uns noch die Augen aus dem Kopf schauen und ihn irgendwo fern am Rande unserer Wirklichkeit vermuten und suchen, begegnet er uns ganz tief unten auf der untersten Ebene des menschlichen Lebens.

Er tut, was er nicht nötig hat

Gott stellt sich uns vor. Er macht sich uns bekannt. Dabei geht es längst nicht nur um die blasse Frage, ob es Gott gibt. Was soll das schon? Was heißt das schon? Wir müssen gleich weiterfragen: Wer ist Gott? Wie steht er zu mir? Was ist sein Wille?

Gott gibt sich in dem gekreuzigten und auferstandenen Jesus Christus zu erkennen. Jesus hat das Wunder dieser Selbstoffenbarung Gottes in einem Satz zusammengefaßt: »Des Menschen Sohn ist nicht gekommen, um sich dienen zu lassen, sondern daß er diene und gebe sein Leben als Lösegeld für die vielen« (Markus 10, 45).

Um die Sprengkraft dieses Wortes zu verstehen, müssen wir uns einen Fachausdruck darin von der Bibel erklären lassen. Jesus redet von sich als von dem »Menschensohn«. Wir sind geneigt, das für eine Beschreibung seiner Menschlichkeit im Gegensatz zu seiner göttlichen Würde, die mit dem Ausdruck Gottessohn beschrieben wird, zu halten. Das ist aber völlig falsch.

Der Ausdruck Menschensohn stammt aus dem Buch des Propheten Daniel (Kapitel 7, 13). Der berichtet: »Ich sah in dieser Vision in der Nacht und siehe, es kam einer mit den Wolken des Himmels wie eines Menschen Sohn.« Gott gibt diesem Menschensohn die Vollmacht über die gesamte Völkerwelt. Es heißt ausdrücklich: »Seine Macht ist ewig und vergeht nicht, und sein Reich hat kein Ende« (Vers 14).

Mit Jesus kommt also der Weltrichter selber in diese Welt. Ihm steht zu, daß ihm alle Nationen dienen, aber er läßt sich nicht bedienen. Er arbeitet selber wie ein Sklave. Er ist sich dafür nicht zu schade. Sein Dienst besteht in der Hingabe seines Lebens.

Was bewirkt diese Hingabe? Jesus beschreibt es mit dem Bild vom Sklavenloskauf. Wer einen Sklaven auf dem Sklavenmarkt erwirbt, der hat absolutes Eigentumsrecht über ihn. Der kann mit ihm machen, was er will. Es geschah im Altertum wahrscheinlich nicht oft, daß jemand mit viel Geld einen Sklaven kaufte und ihm die Freiheit gab. Genau das tut Jesus. Die Hingabe seines Lebens dient dazu, uns aus der Versklavung unter die Mächte der Gottesferne freizukaufen.

Während wir also noch davon träumen, daß Gott irgendwie ganz erhaben und majestätisch im Universum schwebt, offenbart er sich uns in der Gestalt eines Dieners, der sich für Dreckarbeit nicht zu schade ist. Hier ist Gott. Hier ist der Weltrichter.

Wir sollen nicht weiter in die Ferne starren. Wir sollen nicht länger im Nebel stochern. Gott ist nicht oben, er ist tief unten. Er hat sich so erniedrigt, daß niemand sagen kann, er wäre nicht gemeint. Gott hat sich herabgegeben auf die Stufe des geschundenen, zerschlagenen Menschen. Da ist Gott.

Was ist daran herrlich?

Ich spüre noch das Staunen in den Worten des Evangelisten Johannes: »Das Wort wurde Fleisch.« Das ewige Schöpfungswort Gottes nahm Menschengestalt an ». . . und wohnte unter uns, und wir sahen seine Herrlichkeit, eine Herrlichkeit als des einzig geborenen Sohnes vom Vater, voller Gnade und Wahrheit« (Johannes 1, 14).

An welche Herrlichkeit denkt Johannes, als er das schreibt? Vielleicht an die Sensation der Speisung der Fünftausend. Vielleicht an das schockierende Erlebnis, als Jesus auf dem See Genezareth ging, ohne zu versinken. Vielleicht denkt er an die atemberaubenden Augenblicke, als Jesus dem Sturm mit einem Machtwort gebot, und es wurde ganz still. Vielleicht hat er die Heilungen vor Augen. Es war wirklich großartig, als Jesus den Aussätzigen anrührte und dem Blinden die Sehfähigkeit zurückgab. Das alles ist Herrlichkeit. Ohne Zweifel.

Aber was war in der Nacht von Gethsemane? Da tritt Jesus der Angstschweiß auf die Stirn. Da fleht er seine engsten Freunde an, daß sie wachen und bei ihm bleiben möchten. Er zittert vor Angst. Was ist mit dem gefolterten Mann, den sie durch die Gassen Jerusalems zur Hinrichtungsstätte Golgatha treiben? Was ist mit dem nackten Leichnam, der dann an den Holzbalken des Kreuzes hängt? Wo ist da Herrlichkeit? Das ist Elend und Schrecken. Niedrigkeit und Schande. Leiden und Tod.

Wir gebrauchen den Ausdruck »Herrlichkeit« oft oberflächlich. Herrlich ist etwas, das großartig ist. Wenn die Bibel dieses Wort gebraucht, hat es einen bestimmten, sehr schwergewichtigen Inhalt. Von der Herrlichkeit Gottes ist im Alten und im Neuen Testament immer dann die Rede, wenn Gottes unfaßbare Wirklichkeit sich hereinoffenbart in unsere begrenzte Welt der Bäume, Menschen und Tiere. Der hebräische Ausdruck für die Herrlichkeit Gottes (kabod Jahwe) heißt eigentlich: Schwere, Gewichtigkeit, Lichtglanz. Als bei der Einweihung des salomonischen Tempels die

Herrlichkeit Gottes das Heiligtum erfüllt, da sind die Priester wie niedergeschlagen. Sie können ihre Arbeit nicht tun. Eine ähnliche Erfahrung macht Jesaja, als ihm im Tempel die Herrlichkeit offenbart wird. Er erträgt es fast nicht.

Von Mose wird uns berichtet, daß er in der Zeit der Wüstenwanderung die Mittlerperson zwischen dem geoffenbarten Gott und seinem Volk Israel war. Wenn er in der sogenannten Stiftshütte in der Gegenwart Gottes gewesen war, Weisungen von Gott für Israel empfangen hatte und dann herauskam, strahlte sein Angesicht in so unerträglichem Glanz, daß er sich eine Decke vors Gesicht hängen mußte.

Herrlichkeit Gottes bedeutet also in der Bibel immer die Offenbarungswirklichkeit des lebendigen Gottes. Das muß man mit im Ohr haben, wenn Johannes sagt: »Wir sahen seine Herrlichkeit, die Herrlichkeit des einzig geborenen Sohnes vom Vater, voller Gnade und Wahrheit.« Er sah die Wirklichkeit des Schöpfers in den Hilfshandlungen und Machttaten Jesu.

Aber die Liebe Gottes, der sein verlorengehendes Geschöpf sucht und retten will, ist nirgendwo deutlicher, majestätischer zu sehen als in dem leidenden Jesus in Gethsemane und auf dem Weg zum Kreuz und schließlich im Sterben Jesu. Das ist das Entscheidende: den gekreuzigten Jesus ansehen und dann den Satz buchstabieren: »Wir sahen die Herrlichkeit Gottes.«

Machen wir es uns klar: Hier liegt die entscheidende Voraussetzung dafür, daß wir überhaupt noch sinnvoll über Gott reden können. In Jesus ist der ewige, für uns unsichtbare Gott erkennbar geworden. Paulus drückt das so aus: Jesus ist »das Ebenbild des unsichtbaren Gottes« (Kolosser 1, 15).

Der Schreiber des Hebräerbriefs faßt das gleich in den ersten Zeilen so zusammen: »Nachdem vor Zeiten Gott manchmal und auf mancherlei Weise geredet hat zu den Vätern durch die Propheten, hat er in diesen letzten Tagen zu uns geredet durch den Sohn. Ihn hat Gott gesetzt zum Herrn über alles; durch ihn hat er auch die Welt gemacht. Er ist der

Abglanz seiner Herrlichkeit und das Ebenbild seines Wesens« (Hebräer 1, 1–3).

Wo liegt denn jetzt der Unterschied zu dem eingebildeten Gott unserer Wunsch- und Angstträume? Wir wollen zunächst einmal die Selbstoffenbarung Gottes näher kennenlernen: Wer ist Gott, der uns in Jesus begegnet? Was gibt er von sich zu erkennen? Dann muß die Frage folgen: Stimmt es, daß Gott sich in Jesus offenbart hat? Es könnte ja nur eine anmaßende Behauptung sein. Läßt sich das prüfen? Gibt es Gewißheit darüber?

Liebe: Tatbeweis auf Golgatha

Wir haben im ersten Kapitel darüber gesprochen, wie man die Eigenschaft der Liebe Gottes zusammenphantasieren kann, indem man von der menschlichen Liebe auf die Liebe Gottes schließt. Diese Folgerung haben wir als unrichtig erkannt. Es ist aber nicht zu bestreiten, daß die Bibel von der Liebe Gottes redet. Wie kommt sie denn dazu? Was für eine Vorstellung von Liebe Gottes ist das?

Wir müssen uns jetzt ganz streng an die Regel halten: Wir können von Gott nur soviel sagen, wie er selbst von sich zu erkennen gegeben hat.

Die Liebe Gottes ist kein allgemeiner Gedanke, sie ist eine besondere geschichtliche Tat. Gott hat seine Liebe bewiesen, als er Jesus Christus am Kreuz für uns hinrichten ließ.

»So sehr hat Gott die Welt geliebt, daß er seinen einzig geborenen Sohn hingab, damit alle, die an den glauben, nicht verlorengehen, sondern das ewige Leben haben« (Johannes 3, 16).

Am Kreuz des Jesus Christus können wir die Liebe Gottes ablesen. Liebe, die nicht durch die Tat bewiesen wird, ist sowieso fraglich.

Wem gilt diese Liebe? An welche Voraussetzung ist sie geknüpft? Die Bibel gibt uns darüber keine Auskunft in Form einiger Kapitel Philosophie der Liebe. Sie zeigt, wie sie pas-

siert, als Jesus am Kreuz stirbt. Er betet für seine Mörder:
»Vater, vergib ihnen, denn sie wissen nicht, was sie tun.«
Diese Liebe gilt nicht nur seinen Freunden. Er setzt nicht Interesse voraus. Er sucht in unserem Leben nicht förderungswürdiges Eigenkapital. Diese Liebe ist entschlossen, den verrottetsten Menschen zu retten. Sie gibt keinen auf. Sie will die Feindschaft des Menschen gegen Gott überwinden.

Diese Liebe ist keine Laune und keine schwache Stimmung. Sie ist die energische Tat Gottes. Sie beruht auf dem freien, entschlossenen Willen des Schöpfers. Er läßt sein Geschöpf nicht los. Er gibt seine Welt, die sein rebellisches Geschöpf nahezu zerstört hat, nicht auf.

Mitten in dieser Welt, die sich nicht für Gott interessiert, richtet Gott sein Kreuz auf. Seine Liebe ist eine unwiderrufliche Tatsache. Sie ist eine abgeschlossene Handlung in der Vergangenheit. Sie ist geschichtliche Wirklichkeit. Sie ist nicht aus der Welt zu schaffen. Wir können an ihr genesen. Oder wir zerreiben uns im Widerstand gegen sie.

Die Liebe Gottes ist keine Weltformel, mit der man alles, was in dieser Welt passiert, noch irgendwie auf einen Nenner bringen könnte. Gottes Liebe ist nicht ein Kleisterbegriff, mit dem alle Unerträglichkeiten zusammengeklebt werden können. Inmitten vieler Ungeheuerlichkeiten, die wir in dieser Welt anrichten und erleiden, steht das Kreuz als der Tatbeweis der Liebe Gottes für jeden von uns.

Was die Liebe Gottes ist, das denken wir uns also nicht in unseren frommen Hirnen und Herzen aus. Das können wir nur ablesen und demütig und dankbar nacherzählen, weil Gott die Liebe geübt hat, als er Jesus für uns hingab.

Allmacht: Kann Gott sterben?

Denken Sie an die knifflige Frage mit dem Stein und der Allmacht Gottes. Ja, was ist denn Allmacht Gottes? Kann Gott alles? Kann er auch der Teufel sein?

Rufen wir uns wieder den Grundsatz ins Gedächtnis: Wir können von Gott nur soviel wissen und sagen, wie er selbst von sich offenbart hat. Er zeigt sich uns in Jesus Christus. Was lehrt uns das Leben und Sterben Jesu über die Allmacht Gottes?

Zunächst fallen einem die eindrucksvollen Wundertaten Jesu auf. Das ist doch wirklich schöpferische Allmacht. Er erweckt sogar Tote zum Leben.

Soweit ich sehe, hat Jesus an einer ganz besonders wichtigen Stelle über die Allmacht Gottes nachgedacht. Das war im Garten Gehtsemane. Die Angst hat ihn überfallen. Er schreit im Gebet zu Gott. Seine Freunde sind eingeschlafen. Er hatte sie um Hilfe angefleht; sie enttäuschen ihn.

In diesen schrecklichen Stunden betet Jesus: »Abba, mein Vater, es ist dir alles möglich. Nimm diesen Kelch von mir. Doch nicht, was ich will, sondern was du willst« (Markus 14, 36).

In seiner tiefen Not appelliert Jesus ausdrücklich an die Allmacht Gottes: »Es ist dir alles möglich.« Gott muß doch andere Wege haben, um der Welt und den Menschen zu helfen! Das Leiden muß doch vermeidbar sein. Für Gott muß es doch Wege geben, die schmerzloser sind.

Was ist Gottes Antwort auf das Gebet seines Sohnes Jesus? Er erspart ihm das Leiden nicht. Der Leidenskelch wird ihm nicht abgenommen. Wie sollen wir das verstehen? Ist Gott zu schwach? Kann er sich gegen die Übermacht der Gottlosen nicht wehren? Kann er seinen Sohn nicht gegen die Gottlosigkeit verteidigen?

Wir schauen nicht in Gottes geheimnisvolle Pläne. Aber eins ist offenbar: Der allmächtige Gott geht in Jesus Christus den Weg zur Rettung der Welt – über das Sterben am Kreuz auf Golgatha. Ja, Gott kann in ohnmächtiger Liebe sterben.

Das paßt überhaupt nicht in unsere Vorstellung von der Allmacht Gottes. Unser natürliches religiöses Denken findet im Islam seine klarste Ausformung. Der Islam lehrt, daß Jesus einer der größten Propheten gewesen sei, und schreibt ihm eine Menge Wunder zu, sogar mehr, als in der Bibel stehen. Von der Jungfrauengeburt bis zur Himmelfahrt, ja sogar bis zu seiner Wiederkunft im Zusammenhang des Gerichtes ist im Koran die Rede.

Die Kreuzigung Jesu allerdings wird geleugnet. Wenn man das liest, ist man erstaunt. Die Tatsache, daß Jesus gekreuzigt wurde, ist schließlich auch von nichtchristlichen römischen Schriftstellern bezeugt worden. Die kann man historisch am allerwenigsten bezweifeln. Trotzdem geschieht es im Koran.

Die Begründung, die in Sure 4, Vers 158, der Ablehnung der Kreuzigung Jesu zugefügt wird, lautet: »Gott ist mächtig und weise.« Das ist typisch. Es würde die Allmacht Gottes widerlegen, wenn sein Bote von den Gegnern getötet werden kann. Das kann Gott um seiner selbst willen nicht zulassen. Das leuchtet unserem Denken sofort ein.

Die Wirklichkeit Gottes, wie sie sich uns in Jesus Christus offenbart, sprengt allerdings unser gewohntes Denken. Gott entspricht nicht den Klischees, die wir uns von ihm machen. Sicher drückt sich seine Allmacht auch in den Wundern Jesu aus. Und sie findet in der Auferweckung Jesu aus dem Tode sicherlich einen wichtigen Ausdruck. Aber das Unerhörteste von allem ist dies: So allmächtig ist Gott, daß er aus Liebe zu seinem rebellischen Geschöpf sterben kann. Die Allmacht Gottes ist nicht eine grenzenlose Tyrannenallmacht. Es ist die Allmacht der Liebe des Schöpfers. Es ist eine heilige Liebe. Sie kann das Letzte geben. Sie gibt das Leben.

Alle Worte und Begriffe, die wir gebrauchen, sind schon irgendwie gefüllt. Sie sind schon geprägt. Wenn wir gleichlautende Worte in der Bibel finden, dann gehen wir davon aus, daß sie so gemeint sind, wie wir sie verstehen. Das ist ein gefährlicher Trugschluß.

Vielleicht wird das an der Aussage über die Allmacht Gottes am deutlichsten. Was wir uns natürlicherweise über seine Allmacht ausgedacht haben, das zerbricht an der Wirklichkeit des sich offenbarenden, allmächtigen Gottes. Diese Allmacht findet ihren Tiefpunkt und ihren Höhepunkt zugleich in der Ohnmacht des gekreuzigten Jesus.

Das ist zum Staunen und zum Anbeten. Davon dürfen wir leben. Diese Allmacht wendet sich uns zu. Sie erdrückt uns nicht, sie überfährt uns nicht. Sie richtet auf und heilt uns. Für weltanschauliche Spekulationen gibt sie nicht sehr viel her. Wer die sucht, wird von Jesus ziemlich enttäuscht sein. Er kam nicht in die Welt, um unsere Vorurteile zu bestätigen, sondern um uns neu in Verbindung mit dem lebendigen Gott zu bringen.

Gerechtigkeit: Kein Gegensatz zu Liebe

Nehmen wir ein anderes Beispiel: Wenn wir von Gerechtigkeit reden, dann denken wir in der Regel an die Justitia, die Gerechtigkeit – dargestellt in einer Gestalt mit verbundenen Augen und Waage. Die Gerechtigkeit ist nicht parteiisch. Sie sieht die Person nicht an. Sie urteilt sozusagen blind. Sie richtet nach dem Grundsatz: Jedem das Seine!
Wir haben den Eindruck, daß Gerechtigkeit in einem Gegensatz zur Liebe steht. Wir wünschen, daß Gnade vor Recht ergehen solle. Gnade und Gerechtigkeit sind zwei verschiedene Dinge. Die Gerechtigkeit ist kalt, ja vielleicht sogar rücksichtslos. Die Liebe dagegen ist weich und warm. Sie beharrt nicht immer auf dem Recht. Sie ist nicht so rücksichtslos wie die Gerechtigkeit. Sie will wohltun.
Wenn wir mit solcher Vorstellung von Gerechtigkeit die Bibel lesen, dann können wir sie nur mißverstehen. Häufig kommt in ihr der Ausdruck Gerechtigkeit vor. Aber die Vorstellung, die wir mit diesem Ausdruck verbinden, kommt nicht aus der Bibel, sondern aus dem römischen Recht. Wenn wir diese Vorstellung in die Bibel hineintragen, begreifen wir nicht mehr, wovon da die Rede ist.
In der Bibel sollte man den Ausdruck Gerechtigkeit genauer mit Bundestreue, Vertragstreue übersetzen. Damit kommen wir der Sache näher. Gott schließt einen Bund mit Abraham. Gottes Gerechtigkeit besteht nun darin, daß er diesem Bund gerecht wird. Er wird dem Bundespartner ge-

recht. Er steht zu seinen Zusagen und wird somit sich selber gerecht.

Eigentlich ist auch das Verhältnis Gottes zur Welt solch ein Bund. Er hat den Menschen zu seinem Bundespartner erwählt. Er hat ihn beauftragt mit der Verwaltung der Welt. Gott wird diesem Bund gerecht. Er steht zu seinem Partner. Selbst dann noch, als der sich rebellisch auflehnt und die Welt zerstört. Wenn Gott Gericht hält, dann ist es eine Sache seiner Bundestreue. Er läßt nicht los. Er nimmt sich selber, seinen Bundespartner und die Bundesvereinbarungen ernst.

Deshalb kann Paulus im Römerbrief sagen, daß in Jesus Christus, dem Gekreuzigten, die Gerechtigkeit Gottes offenbar wurde. Durch die Geschichte hindurch geht er seinem verlorenen Geschöpf nach. Er hat es in Liebe gesucht. Er will es nicht aufgeben. Er will wirklich, »daß allen Menschen geholfen werde und sie zur Erkenntnis der Wahrheit kommen« (1. Timotheus 2, 4).

Er geht in seiner Bündnistreue (= Gerechtigkeit) so weit, daß er sich selber in Jesus opfert. Der Weltrichter tritt an die Stelle des Verurteilten. Er nimmt seinen Bund und das Bundesrecht so ernst, daß das Todesurteil über das rebellische Geschöpf vollzogen wird. Die Liebe zu dem rebellischen Geschöpf ist aber so stark, daß das Todesurteil nicht an dem Schuldigen, sondern stellvertretend an dem unschuldigen Sohn vollzogen wird.

So ist die Gerechtigkeit Gottes kein Gegensatz zu seiner Liebe. Sie schließt seine Liebe ein. Seine Liebe ist auch kein Gegensatz zu seiner richtenden Heiligkeit. Liebe und richtende Heiligkeit sind vereint in der Gerechtigkeit Gottes. In seiner Bundestreue wird er seinem Bundesrecht gerecht. Er verurteilt den Rebellen. Das Urteil muß vollzogen werden. Die Schrecklichkeit des Muß, die hinter dem Kreuzesweg und Kreuzestod Jesu steht, redet eine sehr deutliche Sprache von der heiligen Gerechtigkeit Gottes.

Gedanklich scheinen uns die Liebe Gottes und seine richtende Heiligkeit unvereinbare Gegensätze zu sein. In der

Wirklichkeit der Gottesoffenbarung, so wie sie im Kreuz Jesu vor uns steht, fällt das scheinbar Widersprüchliche in einem einzigen Ereignis zusammen. Am Kreuz lesen wir zugleich die unerbittliche Heiligkeit Gottes über unser gottfernes Leben ab, und wir erkennen die radikale Liebe des Schöpfers zu uns verlorenen Geschöpfen.

Wenn wir das zur Kenntnis nehmen, müssen wir auch endlich mit dem törichten Gerede aufhören, daß Gott entweder der wütende Rachegott oder liebende Vater sei. Gott läßt sich nicht nach unserem Wohlgefallen halbieren. Er läßt sich auch nicht Eigenschaften andichten, die wir ihm verpassen.

Seiner Offenbarungswirklichkeit wird schon gar nicht das törichte Klischee gerecht, das behauptet, im Alten Testament spräche der Rachegott, im Neuen Testament aber der Gott der Liebe zu uns. Die suchende Liebe Gottes wird im Alten Testament höchst eindrucksvoll bezeugt. Ebenso sein heiliges Gericht. Im Neuen Testament sehen wir die schärfste Form des Gerichtes Gottes, nämlich am Kreuz von Golgatha. »Schrecklich ist es, in die Hände des lebendigen Gottes zu fallen«, sagt der Hebräerbrief. Zugleich aber ist Jesus die Offenbarung der Liebe Gottes.

Es fällt uns nicht leicht, unsere von Vorurteilen geprägten Begriffe aufzugeben, neu prägen und neu füllen zu lassen. Aber das ist nötig, wenn wir die Wirklichkeit kennenlernen und nicht nur unserem Wunschdenken nachhängen wollen.

Ist Gott doch der Vater?

Wir sprachen im ersten Kapitel davon, daß der Glaube an einen Vatergott sich psychologisch gut erklären läßt. In seiner Hilflosigkeit betrachtet der Mensch das bedrohliche Schicksal, als wäre es der Vater, wie ihn das kleine Baby erlebt: übergroß, furchterregend einerseits, fürsorgend, allmächtig andererseits. Sigmund Freud nannte das die kindlich-kindische Illusion des Menschen.

Nun läßt sich ja nicht bestreiten, daß in der Bibel Gott als Vater gezeichnet und angeredet wird. Das gilt ganz besonders für das Neue Testament. Die Botschaft Jesu hat darin sicherlich einen ihrer Schwerpunkte. Er lehrt seine Jünger zu beten: »Unser Vater im Himmel.« Er selber betet in Gethsemane: »Abba, lieber Vater.« Wir wagen das gar nicht wörtlich zu übersetzen. Denn das aramäische »Abba« entspricht genau unserem »Papa«.

Wenn einer von uns wagen würde, ein Gebet mit der Anrede »Papa« zu beginnen, dann würden wir ihn für verrückt erklären. Jesus hat das getan. Es ist uns ausdrücklich überliefert. Den Evangelisten ist die ganze Anstößigkeit bewußt, deshalb geben sie den Ausdruck im Original, nämlich in der aramäischen Sprache, die Jesus gesprochen hat, wieder, während sie sonst seine Worte ins Griechische übersetzt haben. Jesus sagte im Gebet: »Abba«.

Paulus schreibt, daß Menschen, die durch Jesus zu Kindern Gottes werden, den Heiligen Geist bekommen und durch ihn dann »Abba, lieber Vater«, rufen dürfen (Römer 8, 15).

Hat also Sigmund Freud mit seiner Kritik doch recht gehabt? Trifft er mit seiner psychologischen Kritik nicht den christlichen Glauben am Lebensnerv?

Wir müssen uns wieder an den Grundsatz erinnern: Wir können von Gott nur soviel sagen, wie er selbst in seiner Offenbarung uns erschließt. Wir haben kein Recht, von menschlicher Vaterschaft und menschlichem Vatersein auf Gott zu schließen. Wie sollten dann Menschen, die keine guten Erfahrungen mit ihrem leiblichen Vater gemacht haben, überhaupt noch an Gott glauben können?

In einer Jugendgruppe wurde über Gott gesprochen. Die jungen Leute versuchten zu erklären, daß er der Vater ist. Da warf ein Mädchen, dem alles ganz neu war, ein: »Wieso? Ist Gott auch jeden Abend betrunken?« Machen wir uns nichts vor – wir Väter sind keine Brücke zum Verständnis des Vaterseins Gottes.

Genau umgekehrt müssen wir denken. Paulus sagt: »Ich

beuge meine Knie vor dem Vater, der der rechte Vater ist über alles, was da Kinder heißt im Himmel und auf Erden« (Epheser 3, 14 ff.). An Gottes Handeln mit seinem Volk Israel und durch Jesus mit allen Menschen können wir ablesen, daß er der Vater und wie er der Vater ist. Die ausgebreiteten Arme des Vaters, der dem verlorenen Sohn entgegenläuft, sind die angenagelten Arme des Gekreuzigten. Jesus lehrt uns nicht nur, daß Gott der Vater ist; durch das Leben, Leiden und Sterben Jesu übt Gott sein Vatersein aus.

Er setzt den Menschen, der weggelaufen und sein Recht verspielt hat, wieder in die Kindschaft und in das Kindesrecht ein. Er allein kann das. Und er versorgt und leitet das gerettete Leben in einzigartiger Vaterfürsorge.

Jesus sagt: »Verkauft man nicht fünf Sperlinge für zwei Pfennige? Dennoch ist bei Gott deren nicht einer vergessen. Aber auch die Haare auf eurem Haupt sind alle gezählt. Darum fürchtet euch nicht; ihr seid mehr als viele Sperlinge« (Lukas 12, 6 ff.).

Wenn wir vom menschlichen Vater auf Gott schließen, dann kommen wir in Sackgassen ohne Ausweg. Wir müssen alle menschliche Vaterschaft messen am Vatersein Gottes, das er in Jesus für uns offenbart.

Wir haben hier nur einige Beispiele herausgegriffen. Sie lassen sich beliebig vermehren. Es geht immer darum, daß man gleiche Begriffe gebraucht, sie aber gegensätzlich füllt, je nachdem ob man vom Menschen aus Wunschbilder in Richtung Gott losläßt oder ob man auf Grund der geschehenen Offenbarung Gottes sorgfältig und vorsichtig die Worte und Begriffe mit dem Inhalt der Offenbarungsgeschichte zu füllen versucht. Nur wenn wir das zweite tun, sind wir sicher, daß wir uns nicht im Nebel eingebildeter Religion verlieren.

Drei Fragen an Gott

Giebeler

Drei Fragen an Gott

Einer der bedeutendsten Führer der Schwarzen in diesem Jahrhundert war der Chemiker Dr. George W. Carver. Er arbeitete im Süden der USA, als die einseitige Anpflanzung von Baumwolle den Boden ausgelaugt hatte und die Menschen, besonders die Schwarzen, arm machte. In dieser notvollen Lage hatte Carver den Anbau von Erdnüssen empfohlen. Die Leute hatten das getan, die Ernten waren gut, der Boden erholte sich. Aber was sollten sie mit den Massen Erdnüssen nun anfangen? Sie waren nicht abzusetzen.

Vor Morgengrauen ging George Carver in die Wälder, um im Gebet mit Gott zu reden. Er erzählte später davon. Er stellt Gott die Frage: »Warum hast du die Erde geschaffen?« – Gott gibt ihm zu verstehen: Die Frage ist zu groß für den Menschen. »Warum hast du den Menschen geschaffen?« Auch diese Frage ist zu groß für den Menschen.

Schließlich fragt er: »Herr, warum hast du die Erdnuß erschaffen?« –

Die Frage ist besser! Carver erzählt: »Der Herr gab mir eine Handvoll Erdnüsse und ging mit mir ins Labor. Gemeinsam gingen wir an die Arbeit.«

Das Ergebnis war sensationell. Carver fand, wie man aus der Erdnuß Milch, Süßigkeiten, Butter, Tinte, Farben, Schuhcreme, Imprägnierungsmittel, Salben,

Rasiercreme, Papier und synthetischen Marmor herstellen kann. Alles Dinge, mit denen die Menschen etwas anfangen konnten. Hilfe, die ungeahnte Folgen hatte.

Warum beschäftigen wir uns nur so oft mit Fragen, die keine Brücke mehr in unser praktisches Leben schlagen? Wir erfinden Spitzfindigkeiten, um uns Gott und unsere Verantwortung vom Hals zu halten. Dabei möchte Gott uns Wege zeigen, wie wir unsere Gaben zur Hilfe für andere einsetzen können. Er möchte uns klarmachen, daß wir unser Vermögen mit anderen teilen können. Wir werden selber immer noch genug haben.

Manche träumen, was sie täten, wenn sie Albert Schweitzer oder Martin Luther King wären. Statt dessen sollten wir heute anfangen, mit Gott über unser Geld, unsere Ausbildung, unsere Wohnung, unsere Zeit, unsere Gesundheit zu sprechen. Warum tun wir es nicht? Gott wird antworten. Seine Antworten werden ganz praktisch sein. Manchmal so praktisch, daß es uns weh tut. Gott gibt keine weltfremden Ratschläge, die von Wolke Nr. 17 herabfallen. Kein Wunder, daß uns Gott unwirklich und lebensfremd vorkommt, wenn wir ihn nie mit praktischen und lebensnahen Fragen in Zusammenhang bringen wollen. Fürchten wir die alltäglichen Veränderungen?   U.P.

Das erste und das zweite Gebot

Ich staune immer wieder über einen interessanten Sachverhalt. Viele Zeitgenossen, die dem christlichen Glauben in wesentlichen Teilen kritisch gegenüberstehen, halten doch große Stücke auf die Zehn Gebote. Das sei praktisches Christentum und auch sehr vernünftig für das Zusammenleben der Menschen. Dem kann ich nur uneingeschränkt zustimmen.

Aber die Zehn Gebote lassen sich überhaupt nicht verstehen, wenn man nicht das erste Gebot als die Tür zum Haus der Zehn Gebote ernst nimmt: »Ich bin der Herr, dein Gott, der ich dich aus Ägyptenland, aus der Knechtschaft geführt habe. Du sollst keine anderen Götter haben neben mir« (2. Mose 20, 2–3).

Wo wir in der deutschen Übersetzung »Herr« sagen, steht im hebräischen Urtext der Name des geoffenbarten Gottes »Jahwe». Dieser Name bedeutet soviel wie »Ich werde sein, der ich sein werde«, der Treue, der Zuverlässige.

Die Gebote Gottes beginnen also mit einer Selbstoffenbarung Gottes. Er macht sich bekannt. Das Volk Israel hatte keinen allgemein religiösen Gottesbegriff. Gott hatte sich ihnen in der Geschichte geoffenbart. Er hatte sie aus der Sklaverei in Ägypten geführt. Durch diese Rettungstat hatte er sich seinem Volk ein für allemal eindrücklich und verbindlich bekanntgemacht. Seine Rettungstat wird jetzt und für alle Zeit sein Erkennungszeichen: »Jahwe, dein Gott, der ich dich aus Ägyptenland, aus der Knechtschaft geführt habe«.

Die Leute des Volkes Israel dürfen Gott kennen, weil er sich ihnen persönlich bekanntgemacht hat. Bekanntgemacht ist eigentlich ein viel zu dünner und dürftiger Ausdruck. Er hat sie gerettet.

In dieser wunderbaren Rettungstat haben sie die Wirklichkeit Gottes kennengelernt. Unter dieser Voraussetzung hören sie jetzt auf seine Wegweisungen. Unter dieser Voraussetzung dürfen sie jetzt zu ihm reden im Gebet. Diesem geoffenbarten Gott folgen sie nach. Ihm vertrauen sie gegen alle Übermacht der Feinde.

Am Anfang stand aber nicht eine Gottesvorstellung frommer Leute in Israel. Das Begründende war die Tatsache, daß Gott sich selber dem Mose bekanntgemacht hat: »Ich bin Jahwe.« Dieser geoffenbarte Gott hat Israel aus Ägypten gerettet. Er beansprucht die ausschließliche Herrschaft über Israel. Nur in Gemeinschaft mit ihm, dem Schöpfer und Herrn, gibt es Leben. Deshalb: »Du sollst keine anderen Götter haben neben mir.«

Nun sollten wir bitte darauf achten, wie direkt und notwendig sich das zweite Gebot an das erste anschließt. Zunächst könnte man den Eindruck haben, das zweite Gebot stünde im Gegensatz zum ersten. Es heißt: »Du sollst dir kein Bildnis noch irgendein Abbild machen ..., bete sie nicht an und diene ihnen nicht« (2. Mose 20, 4−5).

Aber die Bibel redet doch nun selber sehr menschlich von Gott, von seinem Reden, seinem Handeln, von seinem Arm, von seinem Ohr. Sind das nicht alles Bilder von Gott? Und wenn wir von Jesus reden, dann haben wir doch auch ein Bild vor Augen. Von Anfang bis Ende macht die Bibel sehr konkrete Aussagen über Gott.

Das erste und zweite Gebot betrifft genau das Problem von Illusion und Wirklichkeit, das wir hier schon mehrfach angesprochen haben.

Das Wunderbare ist geschehen: Gott hat sich geoffenbart. Er hat sich als der Retter gezeigt. Wir dürfen ihn kennen. Wir dürfen voll Lob und Dank von ihm reden. Wir dürfen die Botschaft von ihm weitersagen. Ja, wir dürfen ihn beschreiben. Er hat sich uns zu erkennen gegeben. In Jesus ist er sichtbar geworden. Unsere Aufgabe besteht nun in einem demütigen und sorgfältigen Nacherzählen und Beschreiben dessen, was Gott uns in Jesus gezeigt hat.

Wir müssen uns um jeden Preis davor hüten, das Bild Gottes eigenmächtig nach unseren Wünschen und Vorstellungen zu zeichnen oder zu verzeichnen. Diese Gefahr lauert dauernd.

Sie ist auch für die Leute vorhanden, die den geoffenbarten Gott kennengelernt haben.

Das Volk Israel ist dafür das beste Beispiel. Es zieht auf Befehl Gottes aus Ägypten durch die Wüste ins verheißene Land. Am Sinai schließt Gott den Bund und gibt ihnen die Gebote. Während das zwischen Gott und dem Mose geschieht, erliegt Israel der Versuchung und paßt den lebendigen Gott den eigensüchtigen Wünschen und Vorstellungen an. Die Israeliten bauen ein goldenes Kalb.

Sie wollten nicht etwa Jahwe absagen, sie wollten ihm sogar ausdrücklich ein Fest feiern. Aber Jahwe sollte ihren Wünschen angepaßt werden. So wählten sie das Stierbild als Symbol. Vielleicht haben sie gar nicht gemeint, daß Gott in diesem Stierbild gegenwärtig sei. Das goldene Kalb war womöglich nur sozusagen als Sockel für den unsichtbar gegenwärtigen Gott gedacht. Aber dieses Stierbild ist eben das Symbol für Triebhaftigkeit, Fruchtbarkeit, der natürlichen Lebensentfaltung des Menschen. Und entsprechend fiel der Gottesdienst aus, den sie feierten. Eine Orgie der Triebe. Nach diesem Muster ist es auch in der Geschichte des Christentums immer wieder gegangen. Man wollte Gottes Offenbarung in Jesus Christus nicht bestreiten. Aber dieser Gott mußte den Wünschen des Volkes etwas mehr angepaßt werden, sonst konnte man die Massen nicht bei der Stange halten. Die Züge des Stierbildes oder des Dionysos oder des Bacchus mußten ihm einverleibt werden, damit der Gottesdienst gelegentlich etwas ansprechender im Sinne einer riesigen Karnevalsfeier gestaltet werden konnte. Der Mensch sucht eben nicht nur etwas für Kopf und Herz, sondern auch etwas für den Bauch.

Weil Gott sich geoffenbart hat, brauchen wir nicht mehr selbstgemachten Illusionen nachzulaufen. Weil er uns seine Wirklichkeit in Jesus zu erkennen gegeben hat, dürfen wir uns keine eigenmächtigen Bilder mehr von Gott machen. Er verbietet das in unserem eigenen Interesse. Er will nicht, daß wir uns an verlockende Illusionen hängen und mit ihnen zu Grunde gehen.

Warum fällt uns das eigentlich so schwer?

Wir möchten gern ein Gottesbild haben, das lückenlos und widerspruchsfrei geschlossen ist. Sozusagen eine Weltformel, aus der man alle Antworten für alle Fragen der Welt ableiten kann. Wir können es nur schwer ertragen, wenn irgendwelche Fragen offen bleiben oder wenn wir zur Beschreibung der Wirklichkeit geradezu widersprüchliche Aussagen machen müssen.

Daß Gott sich offenbart hat, bedeutet nicht, daß wir alle seine Geheimnisse kennen. Da bleiben viele Fragen offen. »Unser Wissen ist Stückwerk«, sagt Paulus. Wir sind unfähig, Gott in seiner ganzen Herrlichkeit zu erkennen. Eines Tages aber werden wir ihn erkennen, wenn wir ihn sehen, wie er ist (1. Johannes 3, 2).

Das Bild, das uns die Bibel von Gott vermittelt, gleicht einer zerklüfteten Felsenlandschaft. Gott offenbart sich, und damit haben wir den Felsen, auf den wir unser Leben wirklich gründen können. Aber es bleiben tiefe und weite Klüfte. Die können wir nicht mit religiösen Spekulationen zuschütten. Wir können die Spitzen und Kanten des Felsens nicht abrunden. Gott läßt sich nicht gefällig in unser Weltbild einpassen. Er läßt sich nicht mißbrauchen als Deckel für unsere Töpfe. Er ist nicht die parate Antwort für alle Fragen, die wir formulieren.

Ich muß schweigen über Gott, wo er nichts zu erkennen gegeben hat. Ich darf mich freuen an ihm und mich auf seine Wirklichkeit verlassen, weil er sich zu erkennen gegeben hat.

Es war ein bißchen vorschnell, als seiner Zeit Martin Luther meinte, dieses Gebot »Du sollst dir kein Bildnis machen« aus der Aufzählung der Gebote streichen zu können. Es ist naiv, wenn wir meinen, das bezöge sich nur auf die Gottesbilder, die aus Stein, Holz und Gold fabriziert wurden. Die Götterfabrikation geht in unserem Kopf und Herzen weiter. Wir benutzen bis heute Materialien aller Art. Auch komplizierte geistige Gottesbilder sind unsere Produkte. Wenn wir uns an sie hängen, werden wir mit ihnen zu Grunde gehen.

Wir betrügen uns. Wir tun so, als hielten sie uns, dabei haben wir sie geschaffen.

Alle unsere selbstgemachten Gottesbilder werden von dem beißenden Spott des Propheten Jesaja getroffen, auch das »höhere Wesen, das wir verehren« des Herrn Bur-Malottke. Hören wir die bissigen, entlarvenden Worte, die uns in unserem Selbstbetrug aufstöbern und uns zur Wirklichkeit Gottes hinlocken wollen. In Jesaja 44, 12–20 heißt es:

»Der Schmied macht ein Messer in der Glut und formt es mit Hammerschlägen. Er arbeitet daran mit der ganzen Kraft seines Arms; dabei wird er hungrig, so daß er nicht mehr kann, und trinkt auch kein Wasser, so daß er matt wird. Der Zimmermann spannt die Schnur und zeichnet mit dem Stift. Er behaut das Holz und zirkelt es ab und macht es wie eines Mannes Gestalt, wie einen schönen Menschen; in einem Hause soll es thronen. Er haut Zedern ab und nimmt Kiefern und Eichen und wählt unter den Bäumen des Waldes. Er hatte Fichten gepflanzt, und der Regen ließ sie wachsen. Das gibt den Leuten Brennholz; davon nimmt er und wärmt sich; auch zündet er es an und backt Brot; aber daraus macht er auch einen Gott und betet an; er macht einen Götzen daraus und kniet davor nieder. Die eine Hälfte verbrennt er im Feuer, auf ihr brät er Fleisch und ißt den Braten und sättigt sich, wärmt sich auch und spricht: Ah! ich bin warm geworden, ich spüre das Feuer. Aber die andere Hälfte macht er zum Gott, daß es ein Götze sei, vor dem er kniet und niederfällt und betet, und spricht: Errette mich, denn du bist mein Gott!

Sie wissen und verstehen nichts; denn sie sind verblendet, daß ihre Augen nichts sehen und ihre Herzen nichts merken können. Er kommt nicht zur Einsicht; keine Vernunft und kein Verstand ist da, daß er dächte: Ich habe die eine Hälfte mit Feuer verbrannt und habe auf den Kohlen Brot gebacken und Fleisch gebraten und gegessen und sollte die andere Hälfte zum Götzen machen und sollte knien vor einem Klotz? Wer Asche hütet, den hat sein Herz getäuscht und betört, so daß er sein Leben nicht erretten und nicht zu sich sagen wird: Ist das nicht Trug, woran meine Rechte sich hält?«

Ist Gott in der Natur zu finden?

Die Schönheiten und Ungeheuerlichkeiten in der Natur haben die Menschen immer wieder in ihren Bann geschlagen. Kein Wunder, daß der Gedanke nahelag, Gott in der Natur zu erkennen. Viele setzen ihn mit der Natur und ihrer Kraft in eins. Nach allem, was wir bisher gesagt haben, ist solches Denken über Gott als Illusion entlarvt. Verwechseln wir bitte nicht den Schöpfer mit seiner Schöpfung!

Aber die Bibel sagt uns auch, daß die Schöpfung die Herrlichkeit Gottes verkündet. Wir lesen in Psalm 19: »Die Himmel erzählen die Ehre Gottes, und die Feste verkündigt deiner Hände Werk. Ein Tag sagt's dem anderen, und eine Nacht tut's kund der anderen, ohne Sprache und ohne Worte; unhörbar ist ihre Stimme. Ihr Schall geht aus in alle Lande und ihr Reden bis an die Enden der Welt. Er hat der Sonne ein Zelt am Himmel gemacht; sie geht heraus wie ein Bräutigam aus seiner Kammer und freut sich wie ein Held, zu laufen ihre Bahn. Sie geht auf von einem Ende des Himmels und läuft um bis wieder an sein Ende, und nichts bleibt vor ihrer Glut verborgen« (Psalm 19, 2–7).

Paulus kann sogar sagen, daß die Menschen sich nicht entschuldigen können, sie hätten nichts von Gott gewußt. »Denn was man von Gott erkennen kann, ist unter ihnen offenbar; Gott hat es ihnen offenbart. Denn Gottes unsichtbares Wesen, das ist seine ewige Kraft und Gottheit, wird ersehen seit der Schöpfung der Welt und wahrgenommen an seinen Werken, so daß sie keine Entschuldigung haben« (Römer 1, 19ff.).

Was denn nun? Können wir also doch Gott ohne Jesus aus der Natur erkennen? Hören wir, was Paulus weiter sagt: »Sie (die Menschen) wußten, daß ein Gott ist, und haben ihn nicht gepriesen als einen Gott noch ihm gedankt, sondern haben ihre Gedanken dem Nichtigen zugewandt, und ihr unverständiges Herz ist verfinstert. Da sie sich für weise hielten, sind sie zu Narren geworden und haben verwandelt die Herrlichkeit des unvergänglichen Gottes in ein Bild gleich dem eines vergänglichen Menschen und der Vögel und der vierfüßigen und der kriechenden Tiere« (Römer 1, 21–23).

Natürlich ist die Welt nicht abseits von Gott. Er ist der Schöpfer, sie ist seine Schöpfung. Jeder Spatz und jeder Baum, jeder Berg und jeder Fluß, jedes Insekt und der Aufbau jedes Blattes soll uns das predigen. Sie weisen über sich hinaus. Sie stellen uns die Frage nach dem Schöpfer.

Aber wir haben eine Entscheidung getroffen, die uns blind macht. Wir wollen unsere eigenen Herren sein. Wir haben unser Denken dem Nichtigen zugewandt, wie Paulus sagt. Und dabei ist unser unverständiges Herz verfinstert. Wir haben nichts kapiert. Wir haben nicht unterscheiden können zwischen dem Schöpfer und seiner Schöpfung.

Wir haben Geschöpfe zu Götzen gemacht. Wir haben sie verabsolutiert und haben uns an sie gehängt. Wir phantasieren uns aus dem Lauf der Gestirne Schicksalsabläufe zusammen. Anstatt dem Schöpfer die Ehre zu geben und ihm zu dienen, beten wir das Natürliche, die Triebe an. Dabei sollte Gottes Schöpfung ein Aufruf an unser Gewissen sein. Wir sollten nach dem Schöpfer fragen und ihm dienen.

Wir haben alles verdreht. Wir sind geblendet. Nicht nur unser Denken, auch unser Handeln ist verkehrt. Paulus beschreibt uns als Menschen, »die die Wahrheit in Ungerechtigkeit gefangenhalten« (Römer 1, 18). Es ist nötig, daß wir uns die Augen öffnen lassen, damit wir in Jesus die Wirklichkeit Gottes erkennen. Unser Verhältnis zu Gott soll wieder in Ordnung kommen. Dann wird auch unser Blick geöffnet für die Schöpfung. Dann werden wir mit den Psalmen den Schöpfer wieder anbeten und loben können. Dann wird jede grüne Wiese und jede Berglandschaft uns wieder ein Impuls zum Vertrauen und Gehorsam gegenüber dem Schöpfer sein.

Wer Gott in Jesus Christus erkannt und gefunden hat, der begreift plötzlich auch, daß alles in dieser Welt in einer Beziehung zu Jesus steht.

Schon in einem früheren Zusammenhang habe ich erwähnt,

was Paulus im Kolosserbrief (1, 15) sagt: »Jesus ist das Ebenbild des unsichtbaren Gottes.« Er fährt dann fort: »Er ist der Erstgeborene vor allen Kreaturen; denn in ihm ist alles geschaffen, was im Himmel und auf Erden ist, das Sichtbare und Unsichtbare, es seien Throne oder Herrschaften oder Reiche oder Gewalten. Es ist alles durch ihn und zu ihm geschaffen. Und er ist vor allem, und es besteht alles in ihm.«

Der dreieinige Gott

Was soll das eigentlich bedeuten, wenn Christen von der Dreieinigkeit Gottes reden? Wird dadurch nicht alles wieder durch übertriebene Spekulationen besonders kompliziert gemacht? Sagt nicht die Bibel, daß Gott der Eine ist? Damit sollten wir es doch genug sein lassen.

Die Bibel entfaltet in der Tat keine ausführliche Lehre über die Dreieinigkeit Gottes. Noch nicht einmal dieser Ausdruck kommt in ihr vor. Aber das ist für die Bibel, das Dokument der Selbstoffenbarung Gottes, eben typisch: Sie entfaltet nicht eine Lehre über Gott, sondern sie bezeugt, daß er sich in unserer Welt offenbart hat, indem er uns rettet. Als diese Offenbarung Gottes mit Kreuzigung und Auferstehung Jesu abgeschlossen war, sandte Jesus seine Jünger in die Welt. Er, der Herr der Welt, sagt: »Mir ist gegeben alle Gewalt im Himmel und auf Erden. Darum gehet hin und machet zu Jüngern alle Völker. Taufet sie in den Namen des Vaters und des Sohnes und des Heiligen Geistes . . .« (Matthäus 28, 18ff.).

Menschen, die durch Jesus in Lebensgemeinschaft mit Gott kommen, werden hineingetaucht in den Herrschaftsbereich des Vaters und des Sohnes und des Heiligen Geistes.

Paulus schließt den 2. Korintherbrief mit einem Segensgruß: »Die Gnade unseres Herrn Jesus Christus und die Liebe Gottes und die Gemeinschaft des Heiligen Geistes sei mit euch allen« (2. Korinther 13, 13).

Was soll also die Rede von dem dreieinigen Gott?

Bei dieser schwierigen Aussage geht es um den ehrfurchts-vollen Versuch der Christen, Gott nicht unseren Gedanken gefügig zu machen, ihn nicht in unsere Denkvorstellungen einzupressen, sondern in Bekenntnis und Lobpreis der Wirklichkeit Gottes angemessen zu reden.

Und so hören die Christen auf die Botschaft der Bibel und staunen über der Tatsache, daß der Vater selbst sich erniedrigt und in Jesus zu uns kommt. Er schickt nicht irgendeinen fernen Abgesandten. In Jesus haben wir es mit Gott selbst zu tun. Der Weltrichter tritt an die Stelle der Verurteilten. Deshalb bekennen wir, daß Jesus der Mensch gewordene Gott ist. In ihm begegnet uns der Schöpfer des Himmels und der Erde.

Wenn die Bibel vom Geist Gottes, vom Heiligen Geist redet, dann meint sie nicht eine Art religiösen elektrischen Strom. Gott selber erniedrigt sich und will als der Schöpfergeist in unserem kleinen Leben das Licht und die Kraft sein. Was ist das für ein Wunder! Gott selbst würdigt uns, in uns zu wohnen und zu wirken. So haben wir es im Heiligen Geist mit Gott selbst zu tun.

Das Bekenntnis zum dreieinigen Gott will dieses Wunder anbetend ausdrücken.

Fallen wir jetzt nicht wieder zurück in illusionäre Religion, indem wir mit der Dreieinigkeit hantieren wie mit einer Weltformel, die wir von vorne nach hinten und wieder zurück rechnen. Gott ist keine Formel, und wir werden ihn nie in Formeln einfangen. Aber er hat sich zu erkennen gegeben. Er selbst ist in Jesus und dem heiligen Geist bei uns. Jesus sagt: »Wer mich sieht, der sieht den Vater.«

3.

»Wir haben geglaubt und erkannt«

Bei allem, was wir im vergangenen Kapitel dargestellt haben, begleitete uns unausgesprochen eine Frage: Wer sagt uns denn, daß das wirklich stimmt? Wer sagt uns, daß der Anspruch Jesu zu Recht besteht? Muß man das jetzt einfach glauben? Kann man das irgendwie prüfen?

Fängt der Glaube an, wo das Wissen aufhört?

Das ist ja ein geläufiger Spruch: »Der Glaube fängt da an, wo das Wissen aufhört.« Und manche denken, darin bestehe die ganze Frömmigkeit. Wo der Verstand nicht mehr mitspielt, da überläßt man sich dem Gefühl. Manchem liegt das, manchem widerstrebt es. Wir gebrauchen das Wort »glauben« in unserer Alltagssprache meist im Sinne von »etwas vermuten, für etwas eintreten, das man nicht genau beweisen kann«.

An der Ungewißheit leiden

Werden wir uns klar darüber, mit welcher Einstellung wir an all diese Fragen herangehen wollen! Mir scheint, daß es zwei sehr unterschiedliche Grundeinstellungen gibt.
Der eine Mensch leidet unter der Ungewißheit. Er möchte wirklich um seines Lebens willen Klarheit haben. Er möchte wissen, ob er richtig lebt oder falsch. Er möchte sich an Gott orientieren, ist aber nicht sicher, ob Gott ist. Wenn er ist, dann weiß er nicht, wie Gott zu ihm steht. Es gibt ein entsetzliches Leiden unter solcher Ungewißheit.
Das mag jetzt merkwürdig klingen, aber ich wage zu behaupten, daß Menschen in dieser Situation doch im Grunde schon voller Freude sein dürfen. Antwort ist möglich. Und

sie wird dem Suchenden gegeben! Dafür hat Jesus sein Ehrenwort verpfändet.

Gewißheit unerwünscht?

Die andere Einstellung erscheint mir problematischer. Sie ist gar nicht so selten. Sie ist von der Haltung bestimmt: Es kann gar keine Gewißheit geben. Wir sind alle nur Fragende. Wer etwas Genaues zu wissen vorgibt, der überzieht sein Konto. Gewißheit, das ist geradezu Hochmut.

Religion, das ist die Sehnsucht nach dem ganz anderen (Max Horkheimer). Aber eine gewisse Antwort auf die Sehnsucht und die Fragen gibt es eben nicht. Das Fragen und die Sehnsucht sind in sich Religion. Sie halten etwas in Bewegung. Sie dürfen im Grunde gar nicht beantwortet werden.

Diese Einstellung zum christlichen Glauben ist in der modernen Zeit seit dem Theologen Schleiermacher (um 1800) immer wieder vorherrschend gewesen. Er hat den Glauben als das »Gefühl der schlechthinnigen Abhängigkeit« bezeichnet. Es geht jetzt gar nicht mehr so sehr um das, woran ich glaube; es geht vor allem um die innere Haltung, um das Gefühl. Und dieses Gefühl kann ja durch exakte Naturwissenschaft und historische Forschung überhaupt nicht getroffen werden. So ist man gut dran, was alle kritischen Auseinandersetzungen in diesem Bereich angeht. Der Glaube ans Gefühl schwebt sowieso drüber. Er ist über alle kritischen Anfragen erhaben. Man zieht sich ganz auf sich selbst und seine Gefühle zurück.

Das steht heute wieder hoch im Kurs. Manche meinen, der christliche Glaube sei so etwas wie eine Heilungsmöglichkeit für die Gefühlswelt des modernen Menschen, der unter der Herrschaft der Vernunft gefühlsmäßig ausgetrocknet worden sei.

Wenn man dieses Verständnis von Glauben hat, dann ist die Frage nach der Gewißheit natürlich ganz unsinnig, dann kommt es darauf ja gar nicht an.

Glaube ist Kontakt

Wir haben dargestellt, daß wir nur unter einer einzigen Voraussetzung her sinnvoll über Gott reden können: daß er sich als der Schöpfer seinen Geschöpfen selbst erschließt. Das nennen wir Offenbarung. Und das ist das Wunder, von dem die Bibel von Anfang bis Ende redet. In Jesus hat Gott sich zu erkennen gegeben. Und nun lädt er uns ein, Gemeinschaft mit ihm zu haben. Er ruft uns zu Vertrauen und Gehorsam. Er redet uns an, damit wir zu ihm reden können.

»Das ist zunächst nur eine Behauptung«, wird der Zweifler sagen. »Wer sagt mir, daß der Schöpfer des Universums in Jesus Christus gekommen ist? Wer sagt mir, daß dies nicht nur eine willkürliche Behauptung ist? Wer sagt mir, daß ich mir hier nicht wieder etwas einbilden soll?«

Zunächst ist das tatsächlich eine Behauptung. Es ist eine Einladung. Die will geprüft sein. Sie will nicht gedankenlos heruntergeschluckt werden.

Der Evangelist Johannes erzählt uns gleich am Anfang seines Evangeliums, wie ein Mann, der gerade Kontakt mit Jesus bekommen hat, Philippus nämlich, einen skeptischen Freund einlädt. Der hat einige Bedenken: »Was kann aus Nazareth Gutes kommen!« Philippus sagt dem Skeptiker Nathanael: »Komm und sieh!« (Johannes 1, 46) Wir sind also eingeladen zu prüfen. Die Begegnung mit Jesus selbst muß es bringen.

Glaube ist nicht die Zusammenfassung von Anschauungen, die ich bejahe, obwohl ich sie nicht beweisen kann. Glaube ist Vertrauen. Ich glaube *wem*. Deshalb ist Glaube im tiefsten Wesen Kontakt, Lebensgemeinschaft mit dem lebendigen Christus.

Der Angelpunkt

Paulus hat im 1. Korintherbrief (Kap. 15) deutlich beschrieben, daß alles Reden über Jesus und alles Leben mit ihm sinnlos, leer und betrügerisch ist, wenn Jesus nicht aus dem Tod auferweckt wurde. Darüber soll uns keine fromme Notlüge hinwegtäuschen. Wenn Jesus nur in unseren Vorstellungen existiert, dann ist der Glaube letzten Endes leer. Dann sind wir mit unseren undeutlichen Gefühlen allein. Dann gibt es jedenfalls keine Gewißheit.

»Nun aber ist Christus auferstanden«, sagt Paulus. Das heißt doch, daß Gott an dem Leichnam des Gekreuzigten das Schöpfungswunder der Verwandlung in die Wirklichkeit Gottes getan hat. Jesus wird nicht wiederbelebt in einen Leib hinein, der dann schließlich doch Beute des Todes wird. Er wird verwandelt in die überlegene Wirklichkeit Gottes. Der Tod kann ihm nichts mehr anhaben.

Jesus existiert. Egal, ob wir an ihn glauben oder nicht. Und er lebt nicht nur so lange, wie wir das wahrhaben wollen. Er stirbt nicht an unseren Zweifeln.

Seine Auferweckung ist die Voraussetzung dafür, daß er sich selber in unserem Leben beweist und zu erkennen gibt. Er kann es nur selber tun.

Gewißheit kann nicht durch noch so geschickt zusammengefügte Argumente erworben werden. Alles, was aus mir kommt, kann höchstens mehr oder weniger starke Überzeugung sein. Gewißheit gibt es nur, wenn der lebendige Herr sich selber bezeugt, so daß unser Zweifel überwunden wird.

Die Not mit der Unsichtbarkeit

Ich gebe zu, daß für mich selber die Unsichtbarkeit Gottes und des auferstandenen Herrn eine Quelle der Anfechtung ist. Mich beeindruckt alles, was ich sehe, sehr stark. Wenn ich etwas nicht sehe, dann neige ich dazu, anzunehmen, daß es das auch nicht gibt. Ich versuche mir zwar klarzumachen, daß alles Sichtbare stirbt. Der Preis für die Sichtbarkeit ist die Vergänglichkeit. Gott aber ist nicht eingefangen in die Todeswelt. Seine Lebenswirklichkeit ist nicht in Vergänglichkeit und Sichtbarkeit gefangen.

Diese Überlegung hilft uns vielleicht, nicht allzu kurzschlüssig von der Unsichtbarkeit auf die Unwirklichkeit zu schließen. Das ist nämlich in der Tat ein Kurzschluß.

Der angemessene Weg

Wie aber kann ich nun zu einer gewissen Erkenntnis Gottes kommen? Ist alles nur persönlich und relativ? Der eine erlebt es so, der andere anders? Der eine hat es, der andere nicht? Wir müssen hier eine wichtige grundsätzliche Überlegung über den Weg der Erforschung anstellen. In aller Forschung ist es wichtig, auf die Angemessenheit der Methode zu achten. Die Forschungs- und Erkenntnismethoden müssen dem angemessen sein, was sie erforschen wollen.

Ich will diesen komplizierten Sachverhalt einmal an einem ganz platten Beispiel verdeutlichen. Wenn ich einen Hammer und eine Kneifzange nehme, dann kann ich damit eine Menge machen, aber keine Bakterien erforschen. Wenn ich mit Hammer und Kneifzange nicht zur Erkenntnis über Bakterien komme, dann kann ich nicht sagen, es gäbe keine Bakterien. Es hat an den falschen Forschungsmethoden gelegen, daß ich zu keinen oder zu falschen Ergebnissen kam. Andererseits kann ich mit einem komplizierten Mikroskop auch wieder nur bestimmte Objekte erkennen. Der Gegenstand der Forschung bestimmt die angemessene Forschungsmethode. Diesen Grundsatz muß ich immer beachten, damit ich nicht hoffnungslos ins Schleudern gerate. Im Blick auf den Menschen brauche ich viel kritische Prüfung, um zu erkennen, wer er ist. Aber ich brauche auch die Bereitschaft, Vertrauen zu wagen, um einen Menschen wirklich kennenzulernen.

Ich kann ihn nicht auseinandernehmen wie Material. Liebe und Vertrauenswürdigkeit eines Menschen lassen sich nicht durch physische oder seelische Sezieraktionen erkennen. Nur wenn ich dem anderen begegne, mit ihm spreche, mich selbst ihm aufschließe, auf ihn höre, nur dann werde ich ihn kennenlernen, werde ich erfahren, wer er wirklich ist.

Nun ist Gott weder ein Ding noch ist er eine menschliche Person. Er ist der Schöpfer und Herr der Welt. Was heißt das für die Frage nach der Angemessenheit der Erkenntnis- und Forschungsmethode?

Wenn ich Gott erkennen und erforschen will wie chemische Substanzen, dann werde ich eben zu falschen Ergebnissen kommen. Bestenfalls werde ich zu keinem Ergebnis kommen.

Wenn ich Gott behandle wie einen gleichrangigen Menschenpartner – was wir ihm meistens nicht einmal zubilligen –, dann kann ich immer noch nicht zu richtigen Erkenntnissen kommen; denn er ist nicht wie ein Mensch. Er bleibt der Herr. Er wird nie nur ein Gegenstand, den wir betrachten, behandeln, mit dem wir etwas tun können. Er bleibt immer der überlegen Handelnde. Ihm kann ich nur gerecht werden, indem ich seine Herrschaft anerkenne, ihm gehorche. Indem ich so mein Leben ihm ausliefere, werde ich in die Wirklichkeit Gottes auch erkenntnismäßig hineingenommen.

Für einen Menschen, der meint, er könne aus intellektuellen Gründen nicht an Gott glauben, ist es wichtig, daß er sich diese Methodenfrage einmal gedanklich konsequent klarmacht. Sonst bewegt er sich bei allem Bemühen in falsche Richtungen. Wer das durchdenkt, der wird den dummen Satz nicht mehr nachsprechen, daß Glaube da anfängt, wo Wissen aufhört. Ganz im Gegenteil! Der Akt des vertrauenden Wagens, des Glaubens schafft ein Wissen.

Als die Nachfolger Jesu in eine große Krise geraten und viele weglaufen, weil Jesus ihnen nicht mehr paßt, fragt der seine zwölf Jünger: »Wollt ihr nicht auch weggehen?« Simon Petrus antwortet für alle: »Herr, wohin sollen wir gehen? Du hast Worte des ewigen Lebens, und wir haben geglaubt und erkannt, daß du bist Christus, der Sohn des lebendigen Gottes« (Johannes 6, 68 ff.).

Hier ist genau die Reihenfolge der Erkenntnis deutlich gemacht. Sie haben ihr Leben Jesus anvertraut und im Vollzug dieses Vertauens erkannt, daß er die Schlüsselfigur Gottes ist.

Zwei Antworten in einem

Wenn wir nach Gewißheit fragen, dann sind im Grunde zwei Fragen ineinander verwoben. Einmal: Existiert Gott? Und dann: Nimmt er mich an, gehöre ich wirklich zu ihm, oder bin ich von ihm verstoßen?

Diese beiden Fragen werden von Jesus in einer einzigen Antwort beantwortet. Gott zeigt sich nicht nur einfach so, um uns mitzuteilen, daß er an sich existiert. Er kommt zu uns in Jesus, dem Gekreuzigten. Er schafft Versöhnung. Er offenbart seine Liebe. Er erklärt uns, daß er nicht ohne uns leben will. Er vergewissert uns seiner Zuwendung. Und indem er seine Liebe in Jesus offenbart, erkennen wir zugleich, daß Gott ist. Beides ist nicht voneinander zu lösen.

Dietrich Bonhoeffer, den die Nationalsozialisten noch kurz vor Ende des Zweiten Weltkrieges hinrichteten, hat den Satz geschrieben: »Unsere Zweifel wurzeln in unserer Sünde.« Wo wir lebensmäßig von Gott getrennt sind, können wir erkenntnismäßig nicht Gewißheit über ihn bekommen. Die Gewißheit lebt ja nicht aus schlüssigen Argumenten, die wir uns selber zurechtlegen. Sie lebt aus der Selbstbezeugung Gottes in unserem Leben. Sie setzt also Lebensgemeinschaft mit Gott voraus. Sünde aber bedeutet Trennung von ihm.

Vergebung der Schuld bewirkt Gemeinschaft mit Gott. Vergebung ist nicht ein Schmutzabwaschen von einer äußeren Fläche, sie ist die Wiederherstellung eines zerstörten Verhältnisses. Ich werde in eine Vertrauens- und Lebensgemeinschaft mit Gott hineingenommen. Deshalb erhalte ich durch den Empfang der Vergebung auch das Geschenk der Gewißheit: Gott lebt!

Nicht lockerlassen

Und wenn nun einer diese Gewißheit nicht hat? Gibt es dann noch Hilfe für ihn?

Nun, wir stehen alle miteinander unter dem Versprechen Jesu: »Bittet, so wird euch gegeben. Suchet, so werdet ihr finden. Klopfet an, so wird euch aufgetan« (Matthäus 7, 7). Jesus hat versprochen: »Wer zu mir kommt, den werde ich nicht hinausstoßen« (Johannes 6, 37).

Deshalb braucht niemand zu verzagen. Deshalb dürfen wir vor Gott im Gebet bleiben, bis er uns der Vergebung vergewissert, bis er uns seiner gnädigen Gegenwart ganz gewiß macht. Weil er es versprochen hat, müssen wir uns nicht mit weniger zufriedengeben.

Wie ist das im Neuen Testament? Hören wir da nicht deutliche Töne der Gewißheit? Etwa in Römer 8, 38 f. wenn Paulus sagt: »Ich bin gewiß, daß weder Tod noch Leben, weder Engel noch Fürstentümer noch Gewalten, weder Gegenwärtiges noch Zukünftiges, weder Hohes noch Tiefes noch keine andere Kreatur kann uns scheiden von der Liebe Gottes, die in Jesus Christus ist, unserem Herrn.« Das ist Gewißheit. Das sind nicht nur unsichere Gefühle und Vermutungen.

Diese Gewißheit ist nicht in irgendeiner religiösen Überzeugungsstärke verankert. Sie ist verankert außerhalb von mir selbst in Kreuzigung und Auferweckung Jesu.

Den Anker nach draußen

Hier ist ein ganz, ganz wichtiger Punkt. Viele suchen Gewißheit und halten sich sozusagen selber den religiösen Puls. Sie schauen in sich hinein, untersuchen ihre Gefühle und Stimmungen und kommen natürlich zu keinen klaren Ergebnissen. Wie könnten sie auch! In uns selber stecken jede Menge Gründe dafür, daß Gott uns nicht haben will.

Wenn ein Schiff vor Anker geht, dann wird der Anker nicht ins unterste Deck des Schiffes geworfen, etwa in den Maschinenraum oder in die Kombüse. Der Anker muß aus dem Schiff hinausgeworfen werden. Er muß im Meeresgrund festen Halt finden. Nur dann kann er dem Schiff, das unter dem Druck von Wind und Wellen steht, einen festen Halt vermitteln.

Gewißheit können wir nur dadurch bekommen, daß der Anker unseres Lebens außerhalb von uns selber festgemacht wird. Der Ankergrund für uns ist Golgatha. So gewiß hat Gott sich uns gezeigt, so gewiß liebt er uns, so gewiß vergibt er uns die Schuld, so gewiß versöhnt er uns, so gewiß nimmt er uns als Kinder an, daß er Jesus am Kreuz für uns hingab. Das bestätigte er in der Auferweckung seines Sohnes am Ostermorgen.

Gott ist doch kein launischer Diktator, der heute dies und morgen jenes will. Wer sich jetzt zurückzieht in den religiösen Nebel und das für christlich hält, der lästert im Grunde Gott. Hat sich denn Gott umsonst so tief herabgebeugt? Hat er denn umsonst diese Schändung auf sich genommen? Soll das ganze Ergebnis der Kreuzigung und Auferstehung Jesu sein, daß wir trotzdem im allgemeinen frommen Nebel bleiben, in dem man mancherlei fühlt und doch nichts weiß?

Wir sind eingeladen zur Gewißheit, weil Jesus für uns gestorben ist und Gott ihn auferweckt hat.

Lebensklärung

Eins soll hier in aller Deutlichkeit gesagt werden: Gewißheit ist nicht eine gedankenspielerische Angelegenheit. Gewißheit kann ich nicht nur auf gedanklicher Ebene bekommen. Sie betrifft immer mein ganzes Leben. In dem Maße, wie ich mein Leben vor Gott bringe und in seine Wahrheit stelle, in dem Maße schafft er Klarheit.

Oft ist unser zweifelndes Denken eine Aktion der Rechtfertigung für unser gottfernes Leben. Wenn mein Leben voller Lüge, Habgier, Rachsucht und Schmutz ist, dann kann mein Denken über Gott nicht zur Klarheit kommen.

Die entscheidenden Hindernisse sind in der Regel nicht intellektuelle Probleme, sondern die unbereinigte Schuld unseres Lebens. Es geht nicht nur um Gedankenklärung. Es geht um umfassende Lebensklärung, die unsere praktischen Lebensbeziehungen und unser Denken einschließt.

Gewißheit ein für allemal?

Das ist eine oft gestellte Frage. Ist die Gewißheit ein einmaliges Geschenk, das ich nie mehr verlieren kann?

Nein, wahrhaftig nicht. Die Gewißheit lebt vom Lebenskontakt mit Christus. Wenn ich mich als Christ auf Wege des Ungehorsams begebe und mich von Christus entferne, dann verliere ich auch die Gewißheit. Ich lebe nicht von einer Gottesbeziehung, die sich einmal vor Jahren ereignet hat. Ich brauche eine nicht abreißende Kette von neuen Selbstbezeugungen Gottes in meinem Leben. Und wo ich in unbereinigter Schuld verharre und Wege der Unbußfertigkeit gehe, da wird alle Gewißheit verlorengehen.

Aber gerade dann brauche ich den neuen Kontakt. Gerade wenn die Zweifel kommen, brauche ich das Gespräch mit Gott im Gebet. Gerade wenn die Zweifel kommen, brauche ich die Hinwendung zu Gott im Vertrauen und Gehorsam. In dem Augenblick, wo ich die neue Gemeinschaft mir schenken lasse, klärt er auch das Denken.

Deshalb gibt es nichts Törichteres, als in einer Situation des Zweifelns Beten und Bibellesen sein zu lassen und die Gemeinschaft mit Christen zu meiden. Im Gegenteil. Es ist doch klipp und klar: Zweifel zwischen einem Ich und einem Du können nur überwunden werden, wenn es zu einem engen, direkten Kontakt zwischen dem Ich und Du kommt.

Das Neue Testament lädt uns ein zu einer Geborgenheit in der Nähe des barmherzigen Herrn, der seine Barmherzigkeit am Kreuz bewiesen hat. Wir sollten nicht länger mit Unklarheit zufrieden sein.

Dies ist eine ermutigende Einladung an alle, die sich mit Ungewißheit quälen. Dies ist auch eine einladende Kritik an alle, die sich in religiöser Ungewißheit geradezu gefallen und sich damit zufriedengeben. Gott hat mehr für uns bereit.

4.
Wie kann Gott das alles zulassen?

Die häufigste Frage

In fast allen Diskussionen über das Christentum und den Glauben an Gott taucht irgendwann diese Frage auf. In einer Reihe von Veranstaltungen wurde ein fast gleicher Test durchgeführt. Probleme im Blick auf den christlichen Glauben wurden formuliert, Zweifel, Anfragen, Verdächtigungen, negative Erfahrungen mit Kirche und Christen. Jeder Teilnehmer sollte ankreuzen, welche Kritik, welche Anfrage er für die wichtigste hielt. In all diesen Veranstaltungen wurde die Frage »Wie kann Gott so was zulassen?« von den meisten angekreuzt.

Warum wird diese Frage gestellt? Nun, das liegt doch auf der Hand. Wir sind in unserem persönlichen Leben und in unserer Umwelt dauernd mit bitterer Not, Schicksalsschlägen, Unfällen, Katastrophen, himmelschreiendem Elend konfrontiert. Das wühlt uns auf. Das geht uns an den Lebensnerv. Das bedroht uns. Wir werden nicht damit fertig. Wir versuchen es zu erklären; denn was wir erklären können, ist irgendwie schon nicht mehr so unheimlich. Wenn wir wenigstens das Schwere, das wir auszuhalten haben, vernünftig begründen könnten, dann wäre es vielleicht erträglich.

Wir schauen uns in der Welt des Elends um und stellen fest, daß es kaum vernünftige Gründe dafür gibt. Wir versuchen, Gott als Erklärung heranzuziehen, und stellen fest, daß das alles noch schwieriger macht.

Ist Gott die Liebe? Wie kann er dann mit ansehen, daß tausendfach Menschen gequält werden? Muß er nicht helfend und strafend eingreifen?

Wenn schon die Verhältnisse im Widerspruch zur Liebe Gottes stehen, dann sollte man wenigstens Gerechtigkeit erwarten können. Aber ist es gerecht, daß die einen im

Überfluß ersticken und die anderen nicht die nötigste Nahrung für den Tag haben? Wo bleibt da Gottes Gerechtigkeit?

Muß man nicht auch an Gottes Allmacht verzweifeln? Wenn wir Menschen etwas Gutes wollen, aber es dann aus Schwäche nicht hinkriegen, dann mag das noch angehen. Aber wenn Gott Gott ist, dann muß er doch durchsetzen können, was er will. Ist deshalb das Unrecht, das uns empört, nicht eine Widerlegung der Allmacht Gottes?

Mißbrauchtes Elend

Nun ist mir aufgefallen, daß manche Menschen die Frage »Wie kann Gott so was zulassen?« gegen Gott gebrauchen, obwohl sie von eigener und anderer Leute Not nicht betroffen sind. Sie scheinen da alles recht theoretisch und innerlich unberührt zu betrachten. In mancher Diskussionsrunde kommt dieses Argument plötzlich hoch, und man hat den Eindruck: Der Betreffende ist ganz froh, daß es diese Frage gibt. Da wird das Elend der Menschen, das einem wirklich das Herz zerreißen kann, gebraucht als ein willkommenes Argument gegen Gott.

Solange diese Frage nicht befriedigend geklärt ist, können wir uns Gott vom Leibe halten. Er ist widerlegt. Wir brauchen uns weder mit seiner Liebe noch mit seiner Macht auseinanderzusetzen. Dazu fühlen wir uns berechtigt. Gott sitzt auf der Anklagebank. Entweder versagt er, weil er gegen das Leid in der Welt nichts tut; oder er ist schuldig als Verursacher des Leides. In beiden Fällen fühlen wir uns Gott überlegen und wollen nichts mit ihm zu tun haben.

Oder aber alles Leiden ist sinnlos, und Gott existiert überhaupt nicht. Dann ist das Leid eben auch ein Argument, das uns hilft zu erkennen, daß Gott nur Einbildung und keine Wirklichkeit ist.

Was auch immer über das Elend, das Leiden und die Ungerechtigkeit gesagt werden muß – es ist jedenfalls nicht dazu da, um uns als billige Ausrede zu dienen. Das ist eine schlimme und unverschämte Handhabung. Wir krümmen keinen Finger, um die Not zu lindern, gebrauchen diese Not aber gern, um sie als Argument gegen Gott ins Feld zu führen.

Es geht jetzt also darum zu sehen, daß die Frage »Wie kann Gott das Leid in der Welt zulassen?« aus unterschiedlichen Motiven gestellt werden kann. Und je nachdem, aus welchem Grund die Frage gestellt wird, erfordert sie eine unterschiedliche Beantwortung.

Die Menschen, die von schwerem Erleben und als Augenzeugen schrecklichen Leides eine solche Frage stellen, müssen erwarten können, daß wir uns dieser Frage nicht schnell und billig entziehen. Anderen, die, ohne einen persönlichen Preis zu zahlen, gedankenlos und selbstgerecht das Leid der Welt mißbrauchen, um sich selber aus der Verantwortung zu stehlen und sich Gott vom Leib zu halten, werden wir auf eine andere Weise antworten müssen.

Schweigen

Ich will hier von vornherein deutlich sagen: Wir sind nicht Gottes Ratgeber. Wir wollen uns nicht als seine Staatssekretäre aufspielen. Paulus hat im Römerbrief viel über die Wege Gottes in der Geschichte nachgedacht, namentlich über seine Wege mit dem Volke Israel. Zum Schluß dieser Passage schreibt er: »Wie unbegreiflich sind seine Gerichte und unerforschlich seine Wege« (Römer 11, 33).

Gott ist keine Weltformel, mit deren Hilfe alles und jedes in dieser Welt erklärt werden könnte. Wir sprachen schon früher darüber, daß dieser Wunsch, den wir oft mit dem Denken und Reden über Gott verbinden, nicht sinnvoll und hilfreich ist. Ich kann mir nichts Schlimmeres denken, als daß man das Elend und das Leiden der Welt irgenwie mit Gott erklärt und sich dann seelenruhig in seinen Sessel zurücklehnt: »Es hat ja alles seinen Sinn und Grund.« Also kann man die Hände über dem Bauch falten und alles weiterlaufen lassen, wie es läuft.

Das ist eine schreckliche Einstellung. Wollen wir von Gott wirklich erwarten, daß er die theologische Erklärung dafür hergibt, wenn wir uns ein hartes Gewissen im Angesicht der Weltnot leisten?

Offene Wunden

Ich weiß auf die Frage »Wie kann Gott so was alles zulassen?« keine hinreichende, erschöpfende Antwort. Ja, ich bin sogar der Meinung, daß diese Frage offenbleiben muß. Sie muß offenbleiben wie eine Wunde, in der noch Schmutz ist. Wir dürfen über der Not und der Ungerechtigkeit nicht einfach zur Ruhe kommen. Wir dürfen uns nicht mit billigen, wenn auch frommen Erklärungen zufriedengeben, um uns aus der Verantwortung zu stehlen.

Wir mögen die Warum-Frage oft nicht klären können. Eins aber ist klar: Gott will, daß wir helfen. Er will Hilfe durch uns geschehen lassen.

Wir bekommen es fertig, Menschen auf den Mond zu befördern, aber wir haben Schwierigkeiten, Nahrungsmittel in alle Teile der Welt zu schaffen. Dabei wächst auf diesem Globus genug, alle zu ernähren. An jedem Tag wird eine Milliarde Dollar für Rüstung ausgegeben. Wir sind in der Lage, komplizierte und riesige Industrien zu organisieren, die dieses Geld verwenden. Noch nie war in der Weltgeschichte das Verkehrsnetz um den Globus so dicht, so schnell und so gut. Warum sind wir nicht in der Lage, Hungersnöte zu bekämpfen? Warum nehmen Hungersnöte in den letzten Jahren ein Ausmaß an, das alles bisher Dagewesene übersteigt?

Die Frage »Warum?« läßt sich oft nicht beantworten. Wir müssen fragen »Wozu?« Nach vorn gilt es zu schauen. Was können wir an Hilfe leisten? Jesus gibt uns für diese Einstellung selber ein Beispiel. Wir lesen es in Johannes 9. Jesus sieht im Vorübergehen einen Bettler an der Straße sitzen, der blind geboren war. Da fragen ihn seine Jünger: »Rabbi, wer hat gesündigt, dieser oder seine Eltern, daß er blind geboren ist?« Die Jünger können sich nur vorstellen, daß die Blindheit in irgendeiner Weise Strafe für eine Sünde ist. Sie fragen nach dem Warum der Blindheit, nach der Ursache.

Jesus antwortet ihnen: »Es hat weder dieser gesündigt noch seine Eltern, sondern es sollen die Werke Gottes offenbar werden an ihm« (Joahnnes 9, 3).

Jesus fragt nach vorn. Er stellt die Wozu-Frage. Er wischt einfach die Frage nach den Ursachen, nach dem Warum vom Tisch. Eins ist klar: Die Werke Gottes sollen an diesem Blindgeborenen offenbar werden. Das ist die einzig interessante Frage: Wie wird das geschehen? Für den Blindgeborenen spricht Jesus ein heilendes Machtwort.

Die Not dieser Welt ist nicht dazu da, daß wir darüber fromme Sprüche machen. Niemandem ist damit geholfen, daß wir religiöse Erklärungen für sein Elend finden. Gott will, daß wir helfen. Wir sollen Werkzeuge seiner Liebe und seines Friedens sein.

Wie kann der Mensch das alles zulassen?

Ist das nicht merkwürdig? Wenn wir von den Fortschritten der Menschheit im technischen und im medizinischen Bereich reden, dann sehen wir sie als die großen Leistungen der Menschen. Wenn irgendwo Fortschritte in Sachen Gerechtigkeit geschehen, dann waren ganz sicherlich irgendwelche Menschen die Verursacher. Sie bekommen dann den Friedensnobelpreis oder andere Anerkennungen. Ja, die Erfolge buchen wir auf unser eigenes Konto. Wir machen die Politik. Wir schaffen das Gute. Der Mensch hat es herrlich weit gebracht.

Wenn die Dinge schiefgehen, wenn das Unrecht die Welt zerreißt, wenn Kriege Ströme von Blut und Tränen verursachen, dann schreit ein gellender Chor um den Globus: »Wie kann Gott so was alles zulassen?«

Wer hebt denn das Gewehr und drückt ab? Wer baut die Atombomben? Wer hält Abschreckung für ein vernünftiges Konzept? Wer betreibt den Welthandel, der die einen benachteiligt und die anderen bevorzugt? Gott?

Es sind doch die Menschen, die so stolz darauf sind, daß sie selber mündig und eigenverantwortlich die Welt gestalten. Es sind doch die Menschen, die davon überzeugt sind, daß mit der Bergpredigt die Welt nicht zu regieren ist, daß Liebe eine schwache Phrase angesichts der Weltprobleme ist, daß Vergeltung wirksamer als Vergebung ist. Es sind die Menschen, die sich als Realisten fühlen. Wir machen die Politik. Wir richten die Welt zugrunde. Dies alles geschieht genau nach den Gesetzen, nach denen wir angetreten sind.

Warum sind wir so doppelzüngig? Warum buchen wir den Erfolg auf unser eigenes Konto, den Mißerfolg, das Unrecht, das Leiden aber lasten wir Gott an?

Wenn wir in der Gestaltung unseres Lebens und in der Gestaltung der Welt leidenschaftlich und ernsthaft nach dem Willen Gottes gefragt hätten, dann hätten wir wohl auch ein Recht, ihn zu fragen, warum er Unrecht und Leiden zuläßt. Aber wir haben ihn doch nicht gefragt. Wir wissen doch schon immer im voraus, wie die Dinge laufen werden. Wir machen doch die Politik. Gott hat uns gesagt, daß wir die Welt zerstören, wenn wir seine Gebote mißachten. Wir haben besserwisserisch darüber gelacht. Wir haben doch Gottes Gebote für weltfremd erklärt und unsere eigenen Maßstäbe als gültig eingesetzt.

Aber wenn das Unheil und das Leiden angerichtet sind, dann ist es niemand von uns gewesen. Iring Fetscher hat von der »Gesellschaft der Schuldlosen« geredet. Niemand ist es gewesen. Einer schiebt es auf den anderen. Alles läßt sich erklären und somit entschuldigen. Verantwortung muß niemand für etwas übernehmen.

Sollten wir nicht endlich die Frage stellen: »Wie kann der Mensch das alles zulassen?« Sollten wir nicht endlich fragen:

»Wer bin ich, daß ich mitgestalte an einer Welt, die so grauenhaft ist? Wozu bin ich fähig? Was ist in meinem Herzen? Was muß sich ändern? Wie kann eine wirkliche Veränderung des Menschen und der Verhältnisse geschehen?« Anstatt so zu fragen, machen wir uns die Sache einfach. Wir besteigen den Thronsessel der Selbstgerechtigkeit, klagen Gott an, schieben ihm die Schuld in die Schuhe und stehen selber völlig gerechtfertigt da. Wir sind ja nur die armen Opfer. Wir können nichts dafür. Uns kann keiner zur Rechenschaft ziehen. Ob das so geht? Ob es klug ist, so zu reden und zu leben?

Gott will das Leid nicht

Wir wollen nun unter dem Vorbehalt, daß wir die letzten schrecklichen Rätsel des Unrechts und des Leides nicht lösen und daß wir im Einzelfall die Warum-Frage oft nicht beantworten können, versuchen, einige Gesichtspunkte der Bibel zusammenzustellen, die in das Wirrwarr und die Dunkelheit dieses Problems vom Leiden und Unrecht etwas Licht bringen.

Zunächst einmal sollten wir hören, daß die Bibel ganz eindeutig sagt: Gott hat die Welt sehr gut geschaffen. In der ursprünglichen Schöpfung Gottes gab es Leiden und Ungerechtigkeit nicht.

Der Riß kam durch die Rebellion des Menschen in die Schöpfung. Der Mensch will sein wie Gott. Er will nicht mehr nur Sohn sein, er will selber Herr sein. Er will nicht nur als Geschäftsführer im Auftrag des Eigentümers verwalten, er will selber Eigentümer sein. Und da zerbricht die Harmonie mit Gott. Dieser Riß geht auch durch das Verhältnis des Menschen zur Welt. Er geht bis hinein in die Natur. Nun ist die gesamte Welt in Natur und Geschichte gekennzeichnet vom Sterben, vom Leid, vom Kampf aller gegen alle, von der Durchsetzung des Stärkeren gegenüber dem Schwächeren.

Die Welt des Leidens, der Krankheit, der Tränen, des Todes, der Hungerkatastrophen ist nicht die Welt, die Gott gewollt hat.

Und Gott wird sich, so sagt uns die Bibel, mit diesem Zustand der Welt nicht abfinden. Er hat ein Ziel, das er entschlossen verfolgt. Er wird die Geschichte und die Welt vollenden. Jesus wird wiederkommen. Er wird mit einem Schöpfungswort den neuen Himmel und die neue Erde schaffen, in denen Gerechtigkeit wohnt. Er wird die Tränen abwischen. Leid, Tränen und Tod werden nicht mehr sein. Das sagt uns die Bibel (2. Petrus 3; Offenbarung 21).

Daß Gott dieses Ziel hat, macht schon ein für allemal klar, daß das Leid und die Ungerechtigkeit, die Tränen und die Schmerzen nicht dem Willen Gottes entsprechen. Er will unser Heil. Also geht es nicht darum, jetzt das vorhandene Leid zu erklären und zu rechtfertigen und uns damit abzufinden, als sei damit alles in Ordnung.

Nachdem Jesus am Kreuz gestorben ist, um die Schuld der Welt zu tragen und den Riß zwischen Gott und Menschen zu heilen, seitdem er aus dem Grabe auferstand, damit der erste Anfang der neuen Schöpfung Gottes gemacht ist – seitdem geht eine Lichterkette von Leuchtsignalen durch die Welt: Gott will jetzt schon deutlich machen, wo er hinwill: Er will die Tränen abwischen, er will Leid und Krankheit überwinden. Ungerechtigkeit soll keinen Raum mehr haben. Anstatt Krieg soll Versöhnung und Friede sein. Haß soll überwunden werden durch Harmonie und Liebe. Und überall, wo jetzt Menschen anfangen, in der Kraft des gekreuzigten und auferstandenen Jesus Schritte des Gehorsams gegenüber Gott zu tun, da leuchten Signale der neuen Welt Gottes mitten in der alten von Leid und Tod und Unrecht geschüttelten Welt auf.

Seitdem Jesus gestorben und auferstanden ist, kann niemand mehr sagen, Gott wolle das Unrecht. Er will die Welt der Gerechtigkeit, des Friedens und der Harmonie in Liebe.

Die Hölle beginnt hier

Die Hölle muß ja oft für irgendwelche Witzchen herhalten. Es ist schon merkwürdig, welche Vorstellungen über die Hölle kursieren. Die Bibel redet da sehr wenig spekulativ. Wir finden in ihr keine ausschweifenden Schreckphantasien.

Die Hölle ist eine traurige Realität, die mitten unter uns beginnt. Paulus hat den Zusammenhang in seinem berühmten Römerbrief deutlich gemacht. Er redet vom Zorngericht Gottes als von einer unausweichlichen Realität. Gott ist heilig, und sein Gericht hängt nicht davon ab, ob wir das nett finden oder nicht. Paulus schreibt (Römer 1, 18 ff.), daß Gottes Zorn über uns Menschen steht, die wir die Wahrheit in Ungerechtigkeit gefangenhalten. Wieso das? Wir sollten Gott erkennen und haben statt dessen das sichtbare Wesen des Menschen oder anderer Geschöpfe an die Stelle Gottes gesetzt. Wir haben Relatives verabsolutiert, wir haben Gegenstände der Schöpfung zu Götzen gemacht, sie zu letzten Instanzen erklärt.

Paulus schreibt: »Sie wußten, daß ein Gott ist, aber haben ihn nicht gepriesen als einen Gott noch ihm gedankt, sondern haben ihre Gedanken dem Nichtigen zugewandt, und ihr unverständiges Herz ist verfinstert. Da sie sich für weise hielten, sind sie zu Narren geworden und haben verwandelt die Herrlichkeit des unvergänglichen Gottes in ein Bild gleich dem eines vergänglichen Menschen und der Vögel und der vierfüßigen und der kriechenden Tiere. Darum hat sie auch Gott dahingegeben in die Begierden ihrer Herzen, in Unreinigkeit, zu schänden ihre eigenen Leiber an sich selbst, sie, die Gottes Wahrheit verwandelt haben in Lüge und haben geehrt und gedient dem Geschöpf statt dem Schöpfer, der da gelobt ist in Ewigkeit. Amen. Darum hat sie Gott auch dahingegeben ...« (Römer 1, 21–26).

Und dann heißt es kurz darauf noch einmal: »Und gleichwie die Menschen es für nichts geachtet haben, daß sie Gott erkannten, hat sie auch Gott dahingegeben in verworfenen

71

Sinn, zu tun, was nicht taugt, voll alles Ungerechten, Schlechtigkeit, Habsucht, Bosheit, voll Neides, Mordes, Haders, List, Tücke, Ohrenbläser, Verleumder, Gottesverächter, Frevler, hoffärtig, ruhmredig, auf Böses sinnend, den Eltern ungehorsam, unvernünftig, treulos, lieblos, unbarmherzig. Sie wissen, daß, die solches tun, nach Gottes Recht des Todes würdig sind; aber sie tun es nicht allein, sondern haben noch Gefallen an denen, die es tun« (Römer 1, 28–32).

Was Paulus hier beschreibt, das ist die Hölle. Gott überläßt den Menschen seinem eigenen Willen. Der Mensch will den Menschen anstatt Gott anbeten. Nun muß er den Menschen anbeten und ist ihm bedingungslos ausgeliefert. Er muß erfahren, daß der Mensch, der angeblich für den Menschen ein Gott sein soll, ihm nun zum Wolf wird.

Der Mensch will tun, was er selbst entschieden und geplant hat. Die Hölle, das heißt: Der Mensch muß tun, was er will. Gott liefert ihn an seine eigenen Vorstellungen, Willensentscheidungen, Gedanken, Pläne und Taten aus. Das ist die Hölle.

Wenn ich über das Grauen des zwanzigsten Jahrhunderts nachdenke, über die Schrecken der Konzentrationslager, die irrsinnigen und unsinnigen Foltermethoden in allen Teilen der Welt, die raffinierten Unterdrückungssysteme der Diktaturen, an das wahnsinnige Leiden in den Hungerländern – wenn ich zugleich die verzweifelten Bemühungen gutwilliger und kluger Menschen, auch riesiger Organisationen sehe, um die Not einzudämmen, ohne daß durchschlagende Wirkungen erkennbar werden, dann befällt mich der Schrecken. Hat Gott seine Hand abgezogen? Sind das Unheil und die Ungerechtigkeit, der Schrecken und die Not, die wir erleben und miterleben, in sich schon Vollzug des Gerichtes Gottes? Ist das die Hölle? Müssen wir machen, was wir machen wollen? Hat Gott uns aneinander ausgeliefert? Hat er die Hand abgezogen? Um mit Paulus zu reden: Hat er uns dahingegeben?

Ich kann die Zusammenhänge des Elends und der Schrekken dieser Welt nicht erklären. Aber eines habe ich beim Lesen der Bibel begriffen: Auf der Anklagebank sitzt nicht Gott, da sitzen wir Menschen. Und das Erschrecken über die Not der Welt sollte ein Erschrecken über uns Menschen und unsere unheimlichen Möglichkeiten sein. Solche Erkenntnis führt vielleicht zur Umkehr. Wir sollten endlich begreifen, daß nur eine Hinwendung zu Gott einen neuen Ansatz für unser Leben und für die Welt bringen kann.

Der Himmel beginnt hier

Vor meinen Augen steht immer wieder eine schreckliche Nacht. An einem späten Nachmittag hatte ich eine Diskussion über Fragen des Glaubens an Jesus Christus mit einer Gruppe von fünf jungen Leuten. Sie waren zunächst etwas schnippisch und kritisch, dann aber doch auch aufgeschlossen. Sie waren schließlich sogar bereit, praktische Konsequenzen zu ziehen und ihr Leben Jesus anzuvertrauen.
Es war im Rahmen einer Vortragswoche, die ich in einem kleinen Ort hielt. Wir brachen unser Gespräch ab und verabredeten uns für die Zeit nach dem Abendvortrag. Dann wollten wir noch einmal alles durchsprechen. Die jungen Leute sagten: »Dann werden wir unsere Sache mit Jesus festmachen. Wir wollen ihm nachfolgen. Bis dahin denn!«
Sie gingen fort. Es war schon dunkel. Auf der Landstraße fuhr ein Personenwagen in die Gruppe. Ein Mädchen wurde getötet. Ein schrecklicher Abend!
Tief in der Nacht saß ich mit den Eltern zusammen. Wie kann Gott so etwas zulassen? Das Mädchen war nachmittags fröhlich aus dem Haus gegangen. Und dann aus heiterem Himmel die Todesnachricht. Ist das Gottes Liebe?
Ich verstand nichts. Genausowenig wie die Eltern. Sollte ich mich hinsetzen und zu erklären versuchen, daß alles doch irgendwie im höheren Sinne sinnvoll sein könnte? Ich wäre mir idiotisch dabei vorgekommen. Wo ist in einer solchen Situation die Liebe Gottes zu finden? Ist da nicht alles

Nacht? Es war ein langes, schweres Gespräch. Mir fiel überhaupt nichts ein außer dem einen: Wir haben immer wieder das Kreuz in unsere Mitte gestellt. »So sehr hat Gott die Welt geliebt, daß er seinen einzig geborenen Sohn dahingab, damit alle, die dem vertrauen, nicht verlorengehen, sondern ewiges Leben haben« (Johannes 3, 16).

Keine theologische Rechnung ging mehr auf. Keine weltanschauliche Erklärung hielt mehr durch. Nur eins wußten wir noch: Mitten in dieser Dunkelheit des Durcheinanders, des zerstörerischen Chaos steht das Kreuz, an dem Gott sich hat festnageln lassen auf seine Liebe: So sehr hat Gott die Welt geliebt.

Gott erklärt seine Liebe nicht durch sinnige Sprüche. Er macht keine Reime auf das Unglück dieser Welt. Er schafft eine Tat. Er opfert sich. Er spricht die Sprache des blutigen zwanzigsten Jahrhunderts. Es ist die einzige Sprache, die wir verstehen. Es ist die Sprache der Folter. Sie foltern Jesus zu Tode. Und in diesem schrecklichen Geschehen offenbart Gott seine Liebe. Er offenbart sich in einer Sprache, die offenbar als einzige in unserem Jahrhundert noch verstanden wird. Schöne, seichte Sprüche und Gedichte über Liebe sind nicht mehr hörbar im Lärm und Chaos der Zerstörung und des Geschreis der Elenden.

Gott aber offenbart seine Liebe im Gekreuzigten: So sehr hat Gott die Welt geliebt.

Nun fragen wir noch einmal: Wie kann Gott so etwas zulassen? Wie kann er zulassen, daß der gerechte Sohn leiden und sterben muß? Warum greift Gott nicht ein? Warum reißt er Jesus nicht aus den Händen seiner Mörder? Warum überläßt er diesen Karikaturen von Gestalten, diesem Pilatus, diesem Kaiphas das Gesetz des Handelns? Muß Gott nicht beweisen, daß er ein Gott der Gerechtigkeit ist, indem er Jesus aus ihren Händen befreit? Wie kann Gott zulassen, daß der unschuldige Sohn stirbt? Wie kann er mit anhören, daß er schreit in seiner Todesnot: »Mein Gott, mein Gott, warum hast du mich verlassen?«

Die Antwort ist erschütternd. Wir haben sie schon früher

gehört: »Der Menschensohn, der Weltrichter ist nicht gekommen, sich dienen zu lassen, sondern um zu dienen und sein Leben als ein Lösegeld für die Vielen zu geben« (Markus 10, 45). Ja, Gott kann das Schreckliche am Kreuz zulassen, damit wir in der Welt der Zerstörung, der Gottentfremdung, die notwendig zur unmenschlichen Welt wird, nicht allein sind. Hier ist der Anknüpfungspunkt der Liebe Gottes. Hier allein. Nirgendwo sonst ist Licht. Die Liebe Gottes leuchtet im Kreuz des Jesus Christus auf.

Und weil Gott sich in einer solchen Weise gegen alle Zerstörungsmacht, gegen alle Todesallmacht offenbart hat, können wir mit dem 23. Psalm beten: »Und ob ich schon wanderte im finsteren Tal, fürchte ich kein Unglück, denn du bist bei mir. Dein Stecken und Stab – dein Hirtenleitstab und deine Keule ermutigen mich.«

Hören wir, wie Paulus die Zerstörungsmächte der Welt herausfordert und geradezu höhnisch fragt: »Wer will uns scheiden von der Liebe Gottes? Trübsal oder Angst oder Verfolgung oder Hunger oder Blöße oder Gefahr oder Schwert? ... Denn ich bin gewiß, daß weder Tod noch Leben, weder Engel noch Fürstentümer noch Gewalten, weder Gegenwärtiges noch Zukünftiges, weder Hohes noch Tiefes noch keine andere Kreatur kann uns scheiden von der Liebe Gottes, die in Christus Jesus ist, unserem Herrn« (Römer 8, 35, 38, 39).

Der Himmel, das ist nicht irgendein Schlaraffenland. Das ist die gnädige, heilende Nähe Gottes. Der Himmel beginnt hier auf dieser Erde. Wo ein Mensch in die Gemeinschaft mit Jesus Christus eintritt, lebt er in der Nähe Gottes. Jesus sagt: »Wer meine Worte hört und glaubt dem, der mich gesandt hat, der hat das ewige Leben und kommt nicht in das Gericht, sondern er ist vom Tode zum Leben hindurchgedrungen« (Johannes 5, 24).

Der Himmel beginnt hier.

Ich sage nicht, daß alle Fragen sich in nichts auflösen, wenn wir in der Gemeinschaft mit Jesus leben. Ich sage nicht, daß uns die Tränen nicht in die Augen schießen, wenn wir ins

Leiden geführt werden und wenn geliebte Menschen sterben. Ich sage nicht, daß das Elend dieser Welt uns nicht mehr verwunden könnte.

Ganz im Gegenteil. Wer von der Liebe des gekreuzigten Jesus angerührt ist, der ist auf eine neue Weise dünnhäutig, empfindsam gemacht für das Leiden in der Welt. Er muß die Elenden mit den Augen des gekreuzigten Jesus sehen. Er kann sie nicht nur statistisch abtun. Er muß jeden Verhungernden als einen Menschen ansehen, den Gott liebt und dem unsere ganze Zuwendung zu gelten hat. Er kann sich nicht abfinden mit Ungerechtigkeiten. Er kann nicht Ja und Amen sagen zu Folter und Ausbeutung. Er muß kämpfen und Signale setzen. Er muß Versöhnung wagen, wo alle sich in Bitterkeit und Rachegesinnung verschanzen. Er muß sich aus der Tür der Wohlbehütetheit wagen, hinter der er lieber auf Nummer Sicher bliebe.

Mit Jesus ist Gottes neue Welt angebrochen. Und wer mit Jesus Kontakt hat, hat teil an der Vollendung der neuen Welt. Und jetzt schon soll unser Leben Zeichen setzen. Wir sollen uns nicht mit plausiblen theologischen Erklärungen in den Lehnstuhl zurückziehen, beruhigt, daß alles irgendwie im höheren Sinne schon in Ordnung sei. Wir sollen durch die Barmherzigkeit Gottes in Bewegung gesetzt werden. In Bewegung hin zu denen, die Hilfe brauchen. Haben Sie schon gefragt, wo Sie gebraucht werden?

Nein, halten wir uns bitte Gott nicht mit einer billigen Ausrede vom Leibe! Es nützt niemandem. Uns selber nicht. Den leidenden Mitmenschen erst recht nicht.

5.

»Laß mein Leben widerspiegeln, was es heißt, dich, Gott, zu kennen«

Der 32jährige Pilot Nate Saint gehörte zu jener Gruppe von fünf jungen Amerikanern, die im Januar 1956 versuchten, mit dem kriegerischen Stamm der Aucas im Dschungel Ecuadors Kontakt aufzunehmen. Das Leben dieses Mannes war gekennzeichnet von der Begegnung mit Gott, der sich in Jesus Christus offenbart. Er hatte seine außergewöhnlichen technischen Fähigkeiten in den Dienst Gottes gestellt und war Pilot einer Missions-Hilfsorganisation geworden.

Bei jenem Versuch im Januar 1956 wurde er zusammen mit seinen Freunden von Aucas getötet. Sein Leben war von der Bereitschaft zum Opfer gekennzeichnet. Er schrieb einmal nach Hause: »Gott selbst hat uns das erste Beispiel gegeben. Wenn er seinen eingeborenen Sohn dahingegeben hat, wie sollten wir dann mit unserem kleinen Leben geizen? Wir sind bereit, es einzusetzen, und so soll es immer sein.«

Im Tagebuch von Nate Saint findet sich auch der Gebetssatz: »Laß mein Leben widerspiegeln, was es heißt, dich, Gott, zu kennen.«

Gott kennen, das ist nicht nur eine Sache unseres Verstandes, der sich mit Gott beschäftigt. Ihn kennen bedeutet nicht nur, daß ich Informationen und eine Meinung über ihn habe. Er ist kein Gedankengebilde, kein Lesestoff, kein Prinzip, kein Grundsatz. Er ist der lebendige Herr, der sich auf eine überraschende Weise in unserer Welt geoffenbart hat.

Was heißt es nun, Gott zu kennen?

Gott beauftragt im achten Jahrhundert vor Christus den Propheten Hosea, dem Volke Gottes Israel ein hartes und bezeichnendes Wort zu sagen: »Es ist keine Treue, keine Liebe und keine Erkenntnis Gottes im Lande, sondern Verfluchen, Lügen, Morden, Stehlen und Ehebrechen haben überhandgenommen, und eine Blutschuld kommt nach der anderen« (Hosea 4, 1 ff.).

In Israel hat es nicht an intelligenten und theologisch gebildeten Leuten gefehlt. Das philosophische Interesse war ausgeprägt. Es wurden täglich Gottesdienste gefeiert. Der Gottesdienstbesuch war ungeheuer stark. Lieder und Gebete gab es in Hülle und Fülle. Priester und sonstige hauptberufliche Mitarbeiter hielten den religiösen Betrieb aufrecht.

Und doch läßt Gott bestellen: »Es ist keine Erkenntnis Gottes im Lande.« Diese Tatsache ergibt sich aus der Praxis des Lebens im Volk Israel. Verfluchen, Lügen, Morden, Stehlen, Ehebrechen – wo das ist, ist keine Gotteserkenntnis.

Hier wird klar, daß Erkenntnis nicht nur eine Sache der Gedanken ist. Israel wußte das. In der hebräischen Sprache bedeutet der Ausdruck »erkennen« etwas viel Umfassenderes als in unserer deutschen Sprache. Es ist ein Erkennen aufgrund einer umfassenden Lebensgemeinschaft gemeint. Das Wort »erkennen« kann auch für den Vollzug der Geschlechtsgemeinschaft zwischen Mann und Frau gebraucht werden. (»Adam erkannte seine Frau«, 1. Mose 4, 1.)

Gotteserkenntnis ist nur da, wo Gott in unser Leben praktisch und prägend hineinwirkt. Gotteserkenntnis umfaßt unser ganzes Leben: Denken, Wille, Gefühl, Handeln, Körper, Geist, Seele. Die Gotteserkenntnis prägt die Beziehungen, in denen wir leben: die Beziehungen zu unserer Familie, zu unserer Nachbarschaft, zu den Berufskollegen, zu den fernen und nahen Mitmenschen, zum Geld, auch zur Natur.

Gott kennen, das ist die Grunderfahrung unseres Lebens, wenn wir ihm begegnet sind. Es bleibt aber auch das Programm eines Lebens, das im Kontakt mit Jesus Christus gelebt wird.

Paulus hat das im Brief an die Philipper sehr nachdrücklich beschrieben. Er hat in seinem Leben eine radikale Umwertung aller Werteinschätzungen erfahren. Was er früher als wertvoll angesehen hatte, erkannte er jetzt nach seiner Begegnung mit Jesus Christus als wertlos, ja hinderlich. Er hatte seine ganze Anständigkeit als Waffe der Selbstbehauptung gegen Gott gebraucht. In der Begegnung mit dem auferstandenen Christus waren ihm die Augen aufgegangen. Er hatte zugleich die Kümmerlichkeit aller unserer Selbstrechtfertigungsversuche und die Majestät der Liebe Gottes erkannt. Das drückte seinem Leben den Stempel auf. Es war jetzt von einer wagemutigen Hingabebereitschaft geprägt.

Dann faßt er sein Lebensprogramm folgendermaßen zusammen: »Ich möchte Jesus erkennen, die Kraft seiner Auferstehung und die Gemeinschaft seiner Leiden« (Philipper 3, 10). Einen Menschen kann man nur sehr unzureichend kennenlernen, wenn man sich über ihn durch Dritte informieren läßt. Wirkliches Kennenlernen ist nur in gemeinsamem Leben möglich. Da spricht man miteinander und erfährt, wie der andere reagiert. Jesus Christus erkennen, das ist der Inhalt einer gesamten Lebensgeschichte. Der Beginn ist gemacht, wenn wir seine Vergebung annehmen und dadurch in einen verbindlichen Kontakt zu ihm treten. Eine Freundschaft wird geschlossen. Mehr: Christus lebt in uns und wir in ihm. Der auferstandene Herr erfüllt unsere Person. Nun beginnt die Geschichte des Kennenlernens. In alltäglichen Erfahrungen, im Scheitern und in erfreulichen Segnungen erkennen wir, wer er ist, wie er mit uns umgeht, wo er uns kritisiert, wie er über uns und die Welt denkt.

Es ist aufschlußreich, daß Paulus in diesem Kennenlernen zwei Bereiche unterscheidet. Der eine: Die Kraft der Auferstehung Jesu kennenlernen. Der andere: Die Teilhabe an seinen Leiden. Beides ist gleichberechtigt. Beides ist gleich wichtig.

Wenn wir Gott durch Christus kennenlernen, dann nehmen wir Anteil an seiner Überlegenheit. Er hat die Herrschaft über alle Welt in der Hand. Unser Leben kann nicht von kleinlicher Sorge und panischer Angst gekennzeichnet sein, wenn wir wissen, daß der Herr aller Welt für uns sorgt. Wir dürfen etwas wagen, das über den Rahmen unserer Möglichkeiten hinausgeht. Wir werden erfahren, daß Jesus auferstanden ist. Seine Kraft reicht aus, um den Tod zu besiegen. Wir werden erfahren, wie er sich in unserem Leben beweist.

Die Teilhabe an den Leiden Jesu – was ist das aber? Die Schwierigkeiten eines Lebens mit Christus erscheinen uns viel eher als bedauerliche Pannen. Sind das nicht Unzulänglichkeiten, die besser nicht sein sollten?

Paulus sagt: Nein. Das ist Programm. Das ist sinnvoll. Noch arbeitet Gott in Liebe für die Menschen. Er hat noch Geduld mit uns. Er gibt uns noch den Spielraum zur Umkehr. Es ist ihm wichtig, daß wir nicht verlorengehen. Er straft uns nicht, wie wir es verdient haben. Er zahlt uns nicht prompt heim. Er läßt sich verspotten. Seine Erniedrigung ist noch nicht zu Ende. Was er am Kreuz getan hat, das hält noch an. Er sucht uns und läuft uns nach.

Und jeder Mensch, der mit Jesus Christus in Verbindung kommt, wird in den Sog der Liebe Gottes hineingezogen. Er wird Mitarbeiter des Friedens Gottes. Er wird beteiligt an seiner Suchaktion, die friedlose, heimatlose Menschen im Blick hat. Solange auf dieser Welt noch ein Mensch ist, der nicht zum Frieden mit Gott gekommen ist, findet Gott keine Ruhe.

Und wo die Liebe arbeitet, da wird gelitten. Da wird gelitten unter der Last der Probleme, es wird gelitten unter dem Druck des Widerstandes. Liebe ist zum Leiden bereit. Sie ist stark genug, Leiden durchzustehen. So bewältigt sie die Probleme der Welt. So gewinnt sie Menschen. Die Liebe gibt nicht auf. Das ist die Liebe Jesu Christi. In dem Maße, wie unser Leben mit Jesus verbunden ist, werden wir auch an der Wirklichkeit der suchenden, kämpfenden, leidenden und siegenden Liebe des Jesus Christus beteiligt werden.

Und jetzt? Es kann doch nicht nur um ein paar blasse Gedanken gehen, die wir so oder so über Gott denken. Unser Leben soll und darf erfüllt sein von der prägenden Wirklichkeit des Gottes, der sich in Jesus geoffenbart hat.

Mit diesem Gebet kann es anfangen: »Laß mein Leben widerspiegeln, was es heißt, dich, Gott, zu kennen!«